GONGXIANGXING LINGDAO
DUI YUANGONG JINJIAN XINGWEI DE
YINGXIANG JIZHI YANJIU

共享型领导
对员工进谏行为的影响机制研究

苏屹 ◎ 著

中国财经出版传媒集团

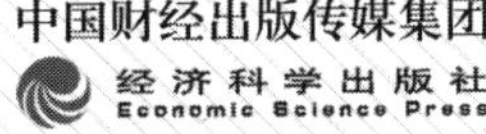

图书在版编目（CIP）数据

共享型领导对员工进谏行为的影响机制研究/苏屹著．
—北京：经济科学出版社，2019.6
ISBN 978-7-5218-0670-0

Ⅰ.①共…　Ⅱ.①苏…　Ⅲ.①企业管理-从事管理-研究　Ⅳ.①F272.92

中国版本图书馆 CIP 数据核字（2019）第 135963 号

责任编辑：李晓杰
责任校对：刘　昕
责任印制：李　鹏

共享型领导对员工进谏行为的影响机制研究
苏　屹　著
经济科学出版社出版、发行　新华书店经销
社址：北京市海淀区阜成路甲 28 号　邮编：100142
总编部电话：010-88191217　发行部电话：010-88191522
网址：www.esp.com.cn
电子邮件：esp@esp.com.cn
天猫网店：经济科学出版社旗舰店
网址：http://jjkxcbs.tmall.com
北京季蜂印刷有限公司印装
710×1000　16 开　10.25 印张　150000 字
2019 年 7 月第 1 版　2019 年 7 月第 1 次印刷
ISBN 978-7-5218-0670-0　定价：32.00 元
（图书出现印装问题，本社负责调换。电话：010-88191510）

前　言

随着经济全球化的发展，企业面对日益复杂和激烈的竞争环境，需要不断提升自身创新性，充分发挥企业优势才能适应当前的环境。企业员工提出的建议和意见，对于企业的成长和发展有着不可替代的作用。目前，已经有越来越多的企业开始重视员工的进谏行为，并且试图通过改变领导方式对员工的这种主动行为产生促进作用。本书在对认知理论、社会交换理论等分析的基础上，运用实证分析研究共享型领导对员工进谏行为的影响机制。该项研究对于丰富企业领导和管理的理论研究、激励员工的进谏行为和促进企业的变革和发展具有借鉴意义。

本书的研究内容为共享型领导、权力距离、心理安全、内部人身份认知和员工进谏行为之间的关系，引入员工的性别、年龄、学历和工作时长作为控制变量，揭示共享型领导对员工进谏行为的影响机制。首先，在对国内外研究现状进行梳理的基础上，对共享型领导、权力距离、心理安全、内部人身份认知和进谏行为等相关概念进行界定。其次，基于认知理论、社会交换理论、归属理论，分别探讨共享型领导与员工进谏行为的关系，构建理论模型，并提出研究假设。然后，以我国部分中小型企业员工作为研究样本，通过筛选不合格问卷，收集有效调查问卷，利用 SPSS 和 AMOS 软件进行实证研究，对样本数据进行描述性统计分析、共同方法偏差检验、相关性检验、验证性因子分析和结构方程模型检验分析。实证研究结果表明，共享型领导对员工进谏行为有正向促进作用，心理安全、内部人身份认知在这两个变量之间起到了不完全中介作用，权力距离起到了负向调节心理安全和内部人身份认知的中介作用。最后根据研究结论提出相应的管理启示。

本书的研究过程受到黑龙江省哲学社会科学基金项目（17GLH21）、黑龙江省自然科学基金项目（QC2018088）和中央高校基本科研费专项基金（3072019CFW0901）的支持。

我的学生刘敏、谢璐、孔璐璐、姜雪松等都参与了本书的研究与书稿整理工作，在此表示感谢。本书的写作和出版过程，参考了国内外多种相关著作，吸收了国内外专家、学者的相关研究成果，在此表示由衷的感谢。由于作者水平所限，可能存在一些不当或者是错误之处，恳请各位专家、同仁批评指正。

苏　屹

2019 年 6 月

目录

contents

第一章

绪　　论

第一节　研究背景、目的与意义

一、研究背景

党的十九大报告明确指出，我国将加快建设创新型国家，深化科技体制改革，建立以企业为主体、市场为导向、产学研深度融合的技术创新体系，加强对中小企业创新的支持，促进科技成果转化。因此，增强中小企业创新力和竞争力逐渐成为下一步工作的重点方向。随着创新驱动发展的理念深入人心，国家在建立技术创新市场导向机制、构建更加高效的科研体系、营造激励创新的公平竞争环境等方面采取了许多重要举措，使创新的强大动力在经济社会发展和国际竞争中的作用更凸显。

在国家创新驱动重大战略导向下，面对复杂多变的竞争环境，企业如何提升自身的创新性、灵活性，充分发挥自己的优势，并且具备良好的应对能力和强大的核心竞争力，对于适应激烈的竞争环境尤为重要。员工作为企业创新行为的实施者和承担者，能够对企业的创新发展起到重要作用，因而其行为会受到企业领导者的关注，但同时也会受到周围环境以及自身认知等多种因素的影响。

近些年来，越来越多的企业开始关注如何调动员工主动为企业做贡献的积极性，以及为了企业的可持续发展充分激发员工的创造力，企业的进步和成长需要员工之间的知识共享，并且需要所有组织成员积极参与企业创新，进谏行为被视为员工积极参与企业管理和改革的主要途径，一方面有助于提升员工自身的归属感，另一方面又有利于解决企业存在的问题并提升企业的竞争力和绩效（莫里森，2011）[1]。员工采取进谏行为是为了改变企业当前的发展状态，以企业现存问题为导向，试图对组织的发展和建设产生积极影响。领导的行为方式能够对组织环境氛围营造产生重要影响，这种氛围也会作用于员工的认知和行为。

当前随着社会经济的发展，与领导有关的理论也经历了多个阶段的发展，主要包括领导特质理论、领导行为理论、领导权变理论等。在复杂多变的环境之下，传统的领导行为已经不能适应组织发展的需要，越来越多的研究者倡导关注团队成员之间的领导（王丹妮，2014）[2]。因而企业领导方式也从最初的传统集权式领导方式，逐渐向“分权领导”方向发展[3]，再到后来的变革型领导、共享型领导等。企业管理者对于领导方式的关注一般源自宏观和微观两个角度，从宏观角度来看，企业采用共享型领导，从整体上改变外部环境，营造和谐稳定的工作氛围；从微观角度来看，在共享型领导工作氛围下，员工内心会对自身与组织之间的关系进行评估。因此对于企业的管理者而言，不仅要从宏观角度判断领导方式的实际效果，也要从微观角度考虑员工的内在心理认知在环境中所发挥的作用。

从过去的研究成果可以看出，关于心理安全感和进谏行为关系的论述已经相对较多并且较为完善，但在实践中，领导行为是影响心理认知的重要因素，在共享型领导的环境下，组织成员对组织的确定性和信任感会提升，能够获得更强的心理安全感知和内部人身份认知。但是目前共享型领导对员工心理安全感和内部人身份认知影响的理论分析和实证研究都很少，本书将以此为基础，更加深入地探讨共享型领导对员工进谏行为的影响作用机制，分析各变量之间的相关关系，为未来企业发展提供更多理论支撑和实践指导。

二、撰写目的与意义

本书旨在当前中国的社会文化背景之下，探究共享型领导对员工进谏行为的影响机制，验证心理安全、内部人身份认知在该影响过程中的中介作用以及权力距离的调节作用，这将有助于更加深入了解企业领导方式在企业发展过程中扮演的重要角色，为企业在激烈竞争的社会环境中发展提供理论依据和实践指导。因此，本书将依据领导行为理论、社会交换理论、认知理论、归属理论等相关理论来深入探究共享型领导与员工进谏行为之间的内在机制，这对我国企业的发展与管理具有深刻的理论意义和实践意义。

（一）理论意义

首先，根据其他学者的相关研究，对共享型领导的内涵、维度划分和影响因素进行更深一步的探讨，有助于完善共享型领导的理论；其次，本书突破以往研究中只考虑共享型领导对心理授权的影响或者心理安全对员工某些主动行为的促进作用，同时考虑了共享型领导、员工心理安全、内部人身份认知对员工进谏行为的影响过程，对进谏行为的理论研究也是一个有益的补充；最后，本书引入心理安全和内部人身份认知两个中介变量和权力距离这一调节变量，使共享型领导与员工进谏行为有机结合起来，从而将共享型领导理论、认知理论以及归属理论联系在一起，将进一步丰富企业领导和管理的理论研究。

（二）实践意义

通过研究共享型领导对员工进谏行为的影响，有助于管理者认识和理解心理安全在共享型领导和员工进谏行为之间的重要作用，在实践中采取有效的领导行为，才能促进员工的进谏行为，从而对企业的生存、发展和变革起到一定的推动作用。另一方面通过研究“共享型领导—权力距离（调节作用）、心理安全（中介作用）—员工进谏行为，共享型领导—权力距离（调节作用）、内部人身份认知（中介作用）—员工进谏行为”的路径，可以让企业管理者更深入地了解其中的作用机制，以采取某些措施激励员工表现出更加积极的进谏行为，以促进企业的变革和发展。

第二节 国内外研究现状

一、国内研究现状

（一）共享型领导对员工进谏行为的影响

在国内，关于共享型领导的理论已经逐渐受到大量学者和管理者的关注，但在实践中仍有很多企业固守传统的领导模式，如垂直型领导模式，强调正式领导的作用，并对团队成员行使绝对的领导权，对组织的绩效和目标负责。近几年，我国有不少学者也对共享型领导提出了自己的想法和概念，孙利平等（2009）认为共享领导的概念应该更多强调团队成员之间的相互关系，包括彼此之间的影响和在决策过程中的相互依赖[4]。刘博逸（2009）认为共享型领导是一种动态交替的过程，群体成员之间相互作用，即认为领导角色是不断更替的，随任务的实际情况与团队成员的匹配程度而变化，并且团队成员之间是相互影响的，而不只是受某单一方向的影响。他认为要实现共享领导，必须要在团队中满足认知共享、权力共享，同时要有一定的责任心和使命感[5]。蒿坡和龙立荣（2017）在对现有理论和文献进行梳理后，提出相对明确的概念内涵，并且构建出共享型领导的双元模型[6]。近些年，共享领导模式逐渐开始被应用于实践管理中，如纪晓光（2018）探究了其在政府管理中的应用[7]。

共享型领导的适用条件主要取决于三个方面：第一，团队成员特征。团队成员有较强的学习能力，能够充分理解共享型领导的内涵以及共享型领导的作用机制，并且员工对于学到的知识能够尽快地消化吸收并转化成团队的绩效。团队成员对组织共同的目标、文化和价值观的认同程度，决定了是否适用共享型领导，如果认同度过低，则团队成员不会拥有共同的努力方向，因此也就难以发挥共享型领导的优势。团队成员之间的信任程度是决定能否采用共享型领导的重要因素，如果员工的信任度低，就难以顺利共享自己的知识和能力，更不会实现领导职责的共享。员工的自我效能和自我领导力也都是促进共享领导的因素。第二，任务特征。任务越复杂，创新性越高，关联度越高，越需要团队成员之间的合作和知识共享，因而越适合采用共享型领导。第三，能够实现共享型领导，关键要考虑团队的类型，其中跨职能团队和自我管理团队是目前较为适合采用共享型领导的两种类型。

进谏行为的研究对象大都是以欧美国家的员工为主，在中国背景下开展的进谏行为研究数量不多，有学者开始在进谏策略方面展开研究，并且在研究员工自身、组织环境对进谏过程影响方面具有一定的引导作用（韩翼等，2017）[8]。但是绝大多数研究还处在验证国外研究结论的初步阶段，并没有形成确切的结论。当前基于中国的背景，研究进谏行为的定义和影响因素，检验其在不同的理论基础上的适用性是十分具有现实意义的。

关于共享型领导与员工进谏行为之间的关系，国内学者也已经展开相关研究。在共享型领导视角下，探讨不同领导类型对员工行为的影响，包括变革型领导、交易型领导等（顾琴轩、张冰钦，2017）[9]，实证研究也表明领导风格对于员工组织承诺（贾良定，2007）[10]、主动创新行为（马璐等，2016）[11]、团队创造力（王亮等，2017）[12]、领导成员互动效果（岑皓，2017）[13]等都能产生影响，进谏作为员工的主动行为，也是员工表现组织承诺、主动创新行为、团队创造力、领导成员互动效果的一种方式。在关于员工沉默行为原因的研究分析中指出，很多员工在领导者面前仍然选择沉默而不是畅所欲言，主要是受到当前所处组织环境风险（李锐等，2009）[14]、企业管理方式（孙小雅、王惟仪，2018）[15]等的影响。周浩等（2012）通过实证验证了变革型领导对员工的进谏行为具有促进作用[16]，也有学者从结构模型角度论证共享型领导中工作授权能够影响员工的表现和行为，验证了授权型领导风格对员工自主性、创新性行为的影响（马茹菲，2016）[17]。

（二）心理安全、内部人身份认知的中介作用

本书在对现有研究进行整理和总结过程中，发现员工作为企业的要素，会对员工的主动学习行为、创新性行为、进谏行为、工作积极性以及工作效率等产生影响，甚至影响到企业的健康发展，因此国内众多企业和专家学者都开始注意企业环境改变对员工心理安全感受的影响。根据徐燕等（2011）的研究，员工与领导间的社会交换关系能够带给员工一定的心理安全感，这种关系和心理认知可以鼓励员工实施进谏[18]；领导对员工的授权也会对员工的心理认知产生一定促进作用（陈国权、陈子栋，2017）[19]；卿涛（2012）通过实证研究，证明了转换型领导行为对心理安全的影响作用，并且信任因素在中间起到较强的中介作用[20]；颜爱民等（2017）在研究服务型领导与员工工作绩效的影响路径时，引入了心理安全中介变量进行讨论[21]，高心理安全的个体感知到参与进谏行为将对他们自身的利益造成很小的风险。梁建等（2009）又进一步证实个体心理安全感能够积极预测员工的进谏行为，包括抑制性和促进性两种[22]。随后又有研究证实了员工的责任感知能够在心理安全感的调节作用下对进谏行为产生影响，当员工的内心感受到安全时才有可能为企业出谋划策实施进谏行为。冯永春等（2015）通过研究表明心理安全环境会对员工进谏行为的风险产生一定影响[23]。但是目前的研究成果只是在国外学者的理论基础之上，对心理安全与组织绩效、企业创新以及个体行为等的关系进行一些探索，在研究的系统性和规范性上还存在一些不足。

内部人身份认知是员工组织认同的体现，这一概念从新的角度诠释了员工与组织的关系，也为组织提升绩效提供了新方向（赵红丹等，2017）[24]。国内已经有文献指出内部人身份认知能够激发员工高效实现自己的任务绩效，进而提升组织的竞争力（俞明传、顾琴轩、朱爱武，2014）[25]。关于内部人身份认知的中介作用，国内学者在中国情境下也进行了相应研究，郑伯埙等（1995）认为在中国尤其是家族企业中，拥有内部人身份或者被视为团体内部成员的人，相当于获得了企业内部的信任和认可，因此会拥有更多的责任感，他们不仅愿意积极完成自己的任务，并且有更高的服从度[26]；汪林等（2009，2010）在研究中发现，领导—成员的高质量关系对员工的内部人身份认知有增强作用，提升员工的责任心和服从性，进而影响员工的行为表现，即内部人身份认知在领导—部署交换和组织公民行为之间起到中介作用，同时也发现其在领导成员关系与经理人“进谏”之间起到中介作用[27][28]；杨晓（2015）[29]、杨志成（2017）[30]等也同样探究了领导成员关系对员工内部人身份认知的影响以及内部人身份认知的中介作用；此外关于内部人身份认知在领导方式和员工行为之间的中介作用也有了相关研究，如尹俊等（2012）提出的“授权赋能型领导—员工内部人身份认知—组织公民行为”[31]以及苏涛勇等（2017）的“谦卑领导行为—员工内部人身份认知—个人创新行为”影响路径研究[32]。

由此可见，员工的心理安全和内部人身份认知在组织环境与员工行为之间有一定的中介作用。

（三）权力距离的调节作用

个体权力距离的差异受到多种因素的影响，根据已有研究，这些因素包括教育背景、文化传统、职位类别等等。在文化传统方面，与西方国家相比，中国乃至东亚在权力距离指数方面更高，这是因为儒家思想作为中国古代最有影响力的传统思想文化之一，以尊卑等级的“仁”为核心，更加强调等级制度至高无上，压抑人的个性，“君臣、上下、长幼之序”的思想观念深入人心，宋代程朱理学所说“存天理，灭人欲”也加深了等级森严的烙印，导致了中国自古以来个体对权力距离不敏感，崇尚专制集权，这种权力距离差别也成为中国传统文化的一部分。在教育背景方面，个人受教育的经历和程度会对个人的职业观、价值观以及信仰产生重要影响，同时，个人对于权力的认知和看法也会产生差异，对于权力分配不公所能接受的程度也就不同。在东西方教育观念的对比中，东方家庭自幼给孩子灌输服从家长的观念，而西方家庭更多鼓励孩子与家长进行平等沟通，而不是一味执行家长命令，实现两者之间的有效交流，家长更希望孩子能够尽早独立，在思想上、行动上可以自主做出决定，这种从小培养的人格和性格，影响了将来孩子在工作中的权力距离感的高低。廖建桥等（2010）国内学者曾探究在中国环境下，对中国个体成员权力距离造成差异的因素，主要包括中国社会制度、市场经济发展水平、传统文化、人均受教育程度等方面[33]。在员工所处组织性质方面，员工的思想和认知除受到国家、社会和家庭等因素潜移默化的影响，在工作中还将受到工作环境的影响，即所处组织的影响。员工在不同组织中接触的领导方式、文化环境和组织结构都是存在差异的，这种差异再加上员工周围同事的影响，能够改变自己原有的价值观或者产生新的价值观，进而其权力距离感会发生改变。国内学者曾对国内39家不同类型企业的员工进行调研，这其中包括国有企业和民营企业等，通过研究发现，员工的权力距离感会在一定程度上受到企业文化的影响（李桦，2009）[34]，在国有企业或集体企业中，组织文化多以和谐、稳定为主流，员工更愿意服从上级的决定和安排，对上级的依赖程度较高；在民营企业中，组织文化氛围多以创新、改革为主，营造自由平等的发展空间，鼓励员工积极进取，大胆提出自己的想法。

近两年国内关于权力距离的调节作用已经有了一些研究。如容琰等（2015）认为团队权力距离调节了领导情绪智力与程序（交互）公平的氛围，并且该项假设通过了实证研究[35]；郑晓明等（2016）验证了个人权力距离会调节互动公平对员工心理授权的影响作用，同时也验证了员工的权力距离负向调节心理授权对互动公平与员工幸福感之间关系的中介作用[36]，解释了对于低权力距离的员工而言，他们对组织中领导权威和不公平现象的敏感程度较高，因此领导行为和组织氛围对于员工在工作判断、心理认知方面的影响较强（叶龙等，2018）[37]。

二、国外研究现状

（一）共享型领导对员工进谏行为的影响

国外最早提出领导理论的人是意大利政治学家马基雅维利（Machiavelli，2002），他认为领袖是能够行使权力的人，是那些善于借助技巧和手段达到目的的人[38]。20世纪七八十年代，国外学者关于领导行为理论和权变理论的研究开始增多，也渐渐开始涌现出更多新型的领导风格，例如交易型和变革型领导风格、授权型领导风格以及共享型领导风格（又称分布型领导）。共享型领导是一种权力分散的领导模式，它是指将领导权在团队领导和团队成员之间进行分享、分配和转移。目前，在国外有关共享型领导的理论研究和实践应用已经取得了较大的进展。并且在已有的共享型领导理论中，又出现了共享交易型领导、共享变革型领导、共享授权型领导等理论。20世纪末，共享型领导理论就已经被国外学者大量研究，科兹洛夫斯基等（Kozlowski et al.，2014）曾对共享型领导边界条件进行探讨[39]，赵家股等（Chiu et al.，2016）基于适应性领导视角，提出团队垂直领导与成员的积极互动关系有助于形成团队共享领导[40]。国外关于共享型领导的研究主要存在以下问题，关于共享型领导的概念界定还不够清晰，从过程论和社会网络分析两个角度对共享型领导来进行定义，尤其是后者，目前仅仅停留在对理论模型的探索，始终没有通过实证检验。

现有研究针对领导行为的结果变量有过一些探讨，如关于变革型领导对员工自主行为的影响（德雷特和伯里斯，2007）[41]，基于积极情感氛围（基米莱斯克等，2012）[42]、团队氛围（迪诺森佐等，2016）[43]等机制探讨共享型领导对组织绩效的影响（马蒂厄，2015）[44]，共享型领导所带来的自主性氛围对于学习和创新能力提升的积极作用（霍奇，2013）[45]等。还有大量文献探索组织信任氛围对组织和员工绩效的影响方式（贝尔和弗雷斯，2003；伯顿、劳里森和奥贝尔，2004；萨拉蒙和罗宾逊，2008；伊尔卡尼扎德和卡拉特佩，2017）[46][47][48][49]，至今尚未形成一致性的结论。也有研究开始讨论领导风格对员工意见表达的影响（斯文森和乔恩森，2016）[50]，如真实型领导会鼓励员工表达不同观点并与之建立和谐的关系（艾格特、阿兰布鲁和雷恩斯，2016）[51]，变革型领导通过鼓励下属提出建设性意见来进行知识共享从而构建创新的组织氛围（董运涛、巴托尔和张志学，2017）[52]。

根据范德恩（VanDyne，1998）和莱皮内（Lepine，1998）的定义，认为进谏行为的结构是单一的，后来大部分研究也都支持他们的观点并采用他们的相关定义，同时在此基础上使用他们的量表对进谏行为进行测量[53]。基于社会交换理论，国外的众多研究结果都证明了社会交换理论在进谏行为研究中的适用性，例如心理安全与进谏行为之间的关系，就已经得到了研究，但是并没有形成足够的研究结论。进谏作为员工的一种行为，受到员工个体本身和其所处的环境共同影响。目前已经有不少学者从员工自身特性、个人情绪、组织情境以及三者共同作用的角度，对员工的进谏行为进行研究。其中员工自身特性主要涉及性别、性格、年龄、环境认知以及工作态度等，合理意见的提出需要员工花费精力去思考，并且大胆主动在别人面前表达自己的看法，这是一个思考和沟通的过程，而拥有积极主动人格的员工会更倾向于采取措施向对方表达自己的观点；员工做出实施进谏行为的决定也会受到其情绪的影响，员工表达“不满意当前环境”的方式一般有四种：忠诚、进谏、忽略和退出，进谏作为一种积极行为，只有当员工对组织有深厚情感，才有可能采取这种行为，否则员工首先会考虑到自己可能会面临的不利后果，从而采取消极行为；组织环境包括工作气氛、领导风格以及组织规模等，良好的组织环境氛围有利于和谐人际关系的形成，包括上下级以及同级之间，例如在集权组织环境中，员工的意见本身也不会改变上层领导者的决策，因而员工更加倾向于沉默。但是大多数情况下，上述几种因素都不是单独对进谏行为产生影响而是共同作用的。在现有文献中涉及进谏行为的结果变量主要包括组织绩效、组织公平、企业创新等，从这些变量来看，进谏行为对企业发展一般是有利的。大多数学者还是将进谏行为作为因变量来进行研究的，由此可以看出进谏行为是员工的一种重要行为。

（二）心理安全、内部人身份认知的中介作用

国外关于心理安全的研究最早是在沙因（Schein，1965）和本尼斯（Bennis，1965）的组织变革理论中出现的，他们当时只针对团队心理安全进行了探讨，心理安全的发展主要经过了个体、团队和组织等三个层面的发展过程[54]。并且此后西方学者在借鉴前人理论的基础上，提出了更多关于心理安全的概念和影响因素等，这对于心理安全理论的建立和发展具有重要的意义。

国外专家学者从多方面对影响心理安全的因素进行了研究，主要包括领导行为特征、员工个体特征、群体活动、人际关系以及组织信任等几方面。①领导的行为特征，梅等（May et al.，2004）提出支持性的领导者能够给员工创造一种支持性的工作环境，让员工能够产生安全的心理[55]。德雷特（Derert，2007）和伯里斯（Burris，2007）通过研究发现当领导者采取开放式管理时，即当领导者在进行决策时果断而不独裁，也不会限制其他人的参与权时，能够对团队心理安全的变异做出解释，说明领导特征是影响员工心理安全的重要因素[56]。②员工个体特征，在现有研究中很少有针对个体因素与员工心理安全关系进行分析的，能够对员工心理安全产生影响的主要有员工所处地位和自身思想意识等，主要研究方向还是集中于团队层面的研究。③群体活动，良好的群体活动与结构能够有效地促进团队心理安全，主要包括团队目标及设计、团队地位差异、群体动力等。罗伯托（Roberto，2002）在研究时发现如果团队成员之间的身份地位差异过大，会严重影响员工在团队中的安全感，他们会认为这种团队关系是不稳定的[57]。④人际关系，近年来有许多学者已经验证良好的人际关系能够提升员工的心理安全感，

包括企业上下级之间以及员工横向之间的信任关系都能够对员工的心理安全起到正向的促进作用。除了前边提到的影响因素，员工的心理安全还受到组织信任、组织支持等一些因素的影响。

埃德蒙森（Edmondson，1999）在其研究中曾表明心理安全感知可以促进员工富有建设性意见的表达，让员工能够安心进谏而无后顾之忧[58]。相反，如果员工认为自己的进谏行为有可能会给自己带来麻烦和损失，他们将会为了保护自己而选择保持沉默。韦斯特（West，2002）在研究中曾经提到安全参与的相关概念，即员工预测在某些特定环境下自己提出新的观点或建议时不会遭遇拒绝和威胁，这与团队心理安全的概念有一定程度的相似性[59]。国外也有研究探讨了心理安全在一些影响机制中的中介作用。瓦伦巴瓦等（Walumbwa et al.，2009）认为伦理型领导与进谏行为正相关，心理安全在其中促成了这种相关关系，它表示在舒适的心理环境中，员工敢于挑战领导的权威，即证实了心理安全在领导行为与员工进谏行为间的中介作用[60]。当领导氛围能够让员工产生更强的心理安全感时，员工在作出某些挑战领导权威的行为时就更加大胆，而共享型领导与伦理型领导相比，将会给员工营造更加舒服和安全的氛围，从而促进员工分享观点并提出创造性的建议（吴志敏和陈宗仁，2018）[61]。但与之相反的是，如果组织环境给员工造成较低的心理安全感受，将会使员工缺乏表达意见的勇气。这种氛围和感知将会限制员工提出有建设性的意见或者分享自己的想法。很多研究都已经证实，员工的心理安全感是促使其进谏的前提条件之一（梁健和樊景立，2008）[62]。

关于内部人身份认知，国外有学者认为组织成员是被领导者划分为“群内人”和“群外人”的，领导者在对二者的信任、鼓励、交流等方面存在差异[63]，这些差异化信息帮助成员判断自己的内部人身份，并且依据所获得的信息来决定自己的行为[64]。根据已有研究，内部人身份认知受到领导成员关系、社会支持、同事支持、组织支持、实际工作时间长短、组织授权等因素的影响。社会支持是个人认知获得来自上级领导者或者其他个体成员的支持程度，这种认知就是员工作出工作判断的重要依据，因而影响员工工作的效率、动力以及职业规划等。组织支持来源于对组织与员工交换关系的研究[65]，是指员工内心对组织是否关心和支持员工发展的认知，这种认知帮助学员判定自己的内部人身份认知，只有当员工感受到自己获得足够的重视和支持，确定组织对自己是认可和信任的，才会形成内部人身份认知。员工感受到的来自其他员工的支持与鼓励，即为同事支持，员工在工作中遇到困难时，一旦获得了同事的帮助与支持，就会对工作更加有信心和责任感，这会帮助员工在内心建立稳定的情感枢纽并富有强烈的内部人意识，从而使员工的工作离职率降低。上级支持是指上级对下级的支持，当员工与上级建立良好关系时，员工会获得上级更多的关心和支持，当遇到困难时会有更多的自信和归属感，从而增强内部人身份认知。员工实际工作时间长短是指员工实际参与组织活动的时间，这会影响员工对组织的认知，斯坦珀（Stamper，2002）和马斯特森（Masterson，2002）研究发现员工实际工作时长影响自身内部人身份认知，并且与时长成正比，界定实际工作时长的指标包括每周工作时长和任职周期。员工内部人身份认知也会受到组织授权的影响，组织授权决定了员工实际参与决策的权力大小（梅涅罗，1986）[66]。

关于内部人身份认知的结果变量，国内外学者均处在初步研究阶段，目前已有的方向包括员工的主动行为和工作绩效两方面。根据社会交换理论可知，员工有越强烈的内部人身份认知，就会产生更强的认真工作的主观能动性，从而有更多的组织公民行为表现。而在工作绩效方面也同理，员工有时会产生组织公民行为，这种行为基于员工对自身所处组织地位较高的心理认知，认为自己对组织是重要的，因此与其他人相比更有责任去完成企业赋予自己的工作和任务，另外在完成自己本职工作的同时，也会有更强的创新意识和更多的创新行为，努力帮助组织提升绩效[67]；内部人身份认知作为员工对自身在组织中身份和地位的感知程度，当员工认为自己被组织所接纳或感觉到有个人空间时，这种认知会影响员工自我价值或者组织绩效的提升（马斯特森和斯坦珀，2003）[68]；内部人身份认知与角色内绩效之间显著正相关关系也通过实证检验，当员工感知到自己被组织视为内部人或“主人翁”时，他们会跨越自身与组织的边界，持有积极态度，主动参与组织中的工作与决策，并愿意为实现组织目标而承担相应的责任（格雷罗，西尔维斯特和穆雷萨努，2013）[69]，员工的这种自我身份认知有效提升了其角色绩效。国外已经有不少学者在研究过程中引入内部人身份认知作为中介变量，探究其在一些影响路径中所发挥的作用，如布兰比拉等（Brambilla et al.，2016）基于自我归类视角，分析了上司领导风格如何通过影响员工的内在身份认知，从而作用于下属的决策[70]。

（三）权力距离的调节作用

权力距离作为一种个人特质，国外学者也对影响权力距离高低的相关因素进行了研究。霍夫斯坦德（Hofstede，1991）曾经对 IBM 在全球各地不同机构的员工进行文化价值观研究，结果表明，在不同机构的员工由于受到不同地域民族文化的熏陶和影响，产生了不同的文化价值观[71]。在西方国家，无论是法国大革命，还是英国的工业革命，或者是现代社会，每一次时代的变迁都伴随着思想上的转变，人民越来越崇尚自由和平等，等级观念已经逐渐消失。同时，霍夫斯坦德通过对西方国家员工调查研究发现，受过良好教育的员工，与受教育程度较低的员工相比，更加厌恶和反对专治的领导方式，当面对组织中不公平的现象时，他们会更主动地发表意见或者提出质疑。这充分表明，受过良好教育的人权力距离更小，更加渴望公平和自由，他们希望在工作中获得公平的待遇和上级的尊重，能够有机会与领导交流自己的看法，而不是一味地去执行命令。

在国外有关组织行为学的研究领域中，个体层次的权力距离已经被视为领导方式与员工行为之间的关键调节变量。如伯克纳等（Bochner et al.，1994）提出不同权力距离的员工适合于不同的领导管理环境[72]，高权力距离的员工更适合在家长式或权威型的领导方式下工作，而低权力距离的员工则更适应于授权型或者共享型领导风格；埃隆等（Eylon et al.，1999）证实了个体层面的权力距离在领导授权与员工满意度、工作绩效之间起到负向调节作用[73]；也有学者基于领导成员交换理论，认为领导与成员之间的交换关系在某种外部环境下，受到成员对权力距离感知的影响[74]，对高权力距离的员工而言领导成员之间是一种低质量的交换关系，而对于低权力距离的员工而言他们认为这是一种平等的交换关系。

国外学者将权力距离看作一种文化价值观导向[75][76]，探讨它在个体层面的影响作用，一方面认为它会作用于员工对社会、组织等权力分配不公的接受程度，从而对个体的心理认知产生影响[77][78]，即权力距离越高，个体对上述不公平现象接受程度越高，反之则越低；另一方面基于领导—成员的社会交往关系，探讨不同权力距离的员工对领导行为和领导权威的接受程度[79]，研究表明那些高权力距离的员工对于领导的权威和不公平行为更能接受，而低权力距离的员工则更加敏感，反应更加剧烈[80]。

三、研究现状评述

目前国内外学者对于共享型领导、进谏行为的概念和测量维度已经有了一定梳理，并且也有了一些研究成果。但目前也存在一些局限性，主要体现在以下方面：

第一，国内外已经有较多关于领导方式对组织绩效、员工行为的影响研究，在针对影响机制进行深入剖析时，虽然考虑到内在心理认知方面的影响，但是并未深入分析这种心理认知在影响机制中的作用。

第二，当前一些研究是针对领导方式对员工创新行为的影响，对这其中的中介机制也有一些探索，但是少有学者将内部人身份认知作为中介变量进行分析，并且选择内部人身份认知和心理安全构建双中介模型的文献也相对较少。

第三，目前对员工行为的相关研究，主要集中在了领导者层面，也有一些涉及员工的心理认知，但是极少有研究从员工个体差异方面展开深入探索，例如个体层面的权力距离，可能在领导方式与员工认知和行为之间起到一定调节作用。

基于当前国内外已有的理论和研究，本书将深入分析员工心理安全、内在人身份认知、权力距离的作用，探究共享型领导对进谏行为的影响机制，对提升企业绩效、促进企业成长具有重要的意义。

第三节 研究内容

本书运用实证分析的方法探讨共享型领导对员工进谏行为的影响机制，并且研究心理安全和内部人身份认知的中介作用和权力距离的调节作用，共分为六个章节。具体如下：

第一章为绪论。主要介绍本书撰写的背景、目的及意义，国内外研究现状，研究内容，研究方法与研究思路以及本书的创新之处。

第二章为相关概念界定。在阅读相关的国内外文献后，进行一定的整理和归纳，掌握当前研究的重点方向和相关逻辑，对核心研究变量的相关概念进行界定。

第三章为相关理论分析与研究假设。本书依据认知理论、社会交换理论、归属理论、激励理论等，分析共享型领导、心理安全、内部人身份认知、权力距离与员工进谏行为等变量间的关系，构建基于权力距离为调节变量，心理安全、内部人身份认知为中介变量的共享型领导对员工进谏行为影响的几种理论模型并提出关系假设。

第四章为共享型领导对员工进谏行为影响的研究设计。主要涉及所用相关变量的选取，并对测量量表的选择、个体特征变量和数据收集等进行详细的说明。

第五章为共享型领导对员工进谏行为影响的实证检验。本章对心理安全的中介作用、内部人身份认知中介作用和权力距离的调节作用进行了实证研究，对相关变量之间的影响关系进行了回归分析。

第六章为基于双中介作用的整体模型实证检验。本章验证了共享型领导对员工心理安全、内部人身份认知的影响，员工心理安全、内部人身份认知对进谏行为的影响，共享型领导对员工进谏行为的影响。验证了心理安全和内部人身份认知的中介作用，并检验了权力距离的调节作用。

第七章为结果分析与管理启示。本章在实证检验结果的基础上进行了分析，从共享型领导、心理安全、内部人身份认知、权力距离的视角提出促进员工进谏行为的建议，从而促进企业的发展。

最后为结论。总结了本书的结论，并提出了本书的局限性及未来研究展望。

第四节 研究方法与研究思路

一、研究方法

（一）文献研究法

文献研究法主要是通过对国内外有关共享型领导、心理安全、内部人身份认知、权力距离以及员工进谏行为的相关资料，如学术期刊论文、会议成果报告等进行收集和整理，然后对所涉及变量的相关文献进行归纳和总结，明确核心变量的相关概念、维度划分、模型构建和研究假设提出的理论支撑以及实证研究中涉及的相关量表。

（二）问卷调查法

问卷调查法是采用量化的方法对构建的变量间的理论模型进行分析和验证，前期通过发放调查问卷获取所需数据，并对数据进行一定的处理和分析。本书涉及的量表均为借鉴其他学者已经开发成熟的量表，并且根据实际情况和需要，对问卷进行适当的修改。

（三）实证研究法

运用结构方程模型对变量之间的关系进行研究，在对共享型领导、心理安全、内部人身份认知、权力距离和员工进谏行为等变量构建理论模型并且提出关系假设后，对收集到的数据进行一定筛选和处理，并做描述性统计分析、量表的信效度检验、相关分析、中介效应检验以及调节作用检验，验证前文提出的关系假设。

二、研究思路与研究框架

本书在回顾共享型领导、权力距离、心理安全、内部人身份认知与进谏行为的相关理论基础上，对几者的概念和维度进行了界定，通过将共享型领导作为研究的自变量，员工的进谏行为为因变量，心理安全、内部人身份认知作为自变量与因变量之间的中介变量，权力距离作为调节变量，构建变量间的理论关系模型并提出研究假设。然后在实证研究部分，利用调查问卷获取数据，并通过结构方程模型对前边构建的关系模型进行验证。最后在对结果分析的基础上提出促进员工进谏行为和企业成长的管理启示。研究思路框架图如图 1 – 1。

第五节　创新之处

相对于前人的研究，本书的创新之处主要表现在以下两个方面：

第一，本书探讨了员工内部人身份认知、心理安全在共享型领导对员工进谏行为影响机制中的作用，构建了共享型领导与员工进谏行为关系的结构方程模型。依据社会交换理论、领导成员交换理论，根据“刺激—认知—行为”理论将内部人身份认知、心理安全视为心理归类的过程，探索员工与组织之间的关系，验证中介变量在共享型领导氛围中所起的作用，丰富了共享型领导对员工进谏行为的路径研究。

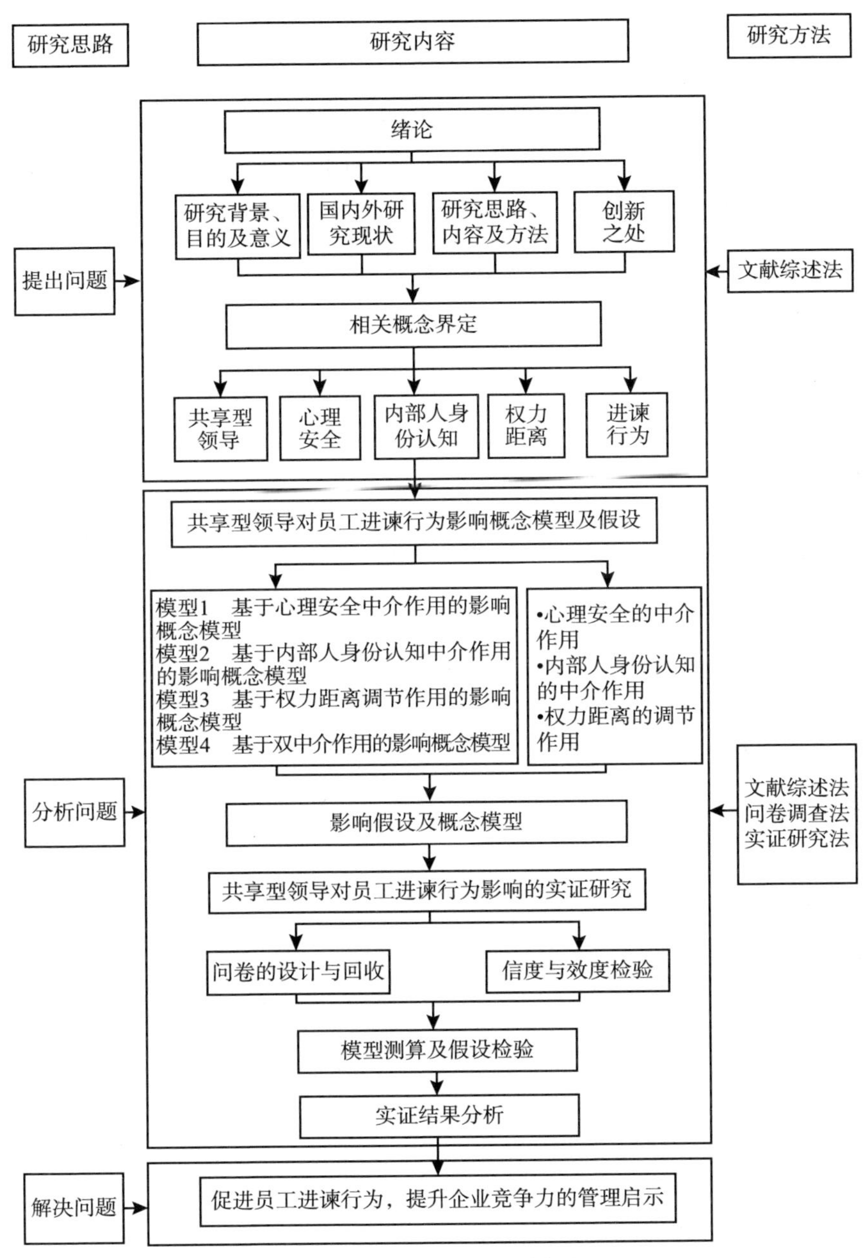

图1-1 本书研究思路框架

第二，本书主要研究共享型领导对员工进谏行为的影响，并对员工个体层面的权力距离在共享型领导与员工心理安全、内部人身份认知之间的调节作用进行了验证。共享型领导对员工的心理认知和进谏行为能够产生影响，但是这种关系又受到员工个体权力距离的调节，本书通过实证证实领导行为有效性会受到员工感知权力距离高低的影响，拓展了共享型领导对员工行为影响研究的新思路。

第二章

相关概念界定

第一节　共享型领导

一、共享型领导的内涵

早在20世纪80年代就已经出现了共同管理学说，而共享型领导的概念正是以此为基础提出来的，杰克逊（Jackson，2000）曾经提出："共享领导是基于20世纪80年代的共同管理理论所建立起来的一种管理模式"[81]。当然，这种理念的假设前提是，参与工作的每个人都知道如何通过改善工作流程获得良好的工作绩效[82]。

近些年来关于共享型领导的内涵有很多种说法，其中过程论的观点认为，共享型领导是一种团队成员共同参与决策，从而相互影响相互学习的过程。例如，霍顿等（Houghton et al.，2003）认为共享领导是当个体成员在团队中拥有共同目标时，通过共享领导的权力、信息等共同承担领导团队的责任，努力实现最终目标的过程[83]。恩斯利等（Ensley et al.，2003）也支持过程论的观点，认为团队的领导不是由指定的某一个人来完成，这是一个共同决策的过程，团队成员之间主要是互相鼓励、交流配合的关系，他们都是为了共同的组织目标而努力，并不十分在意谁真正拥有权力[84]。斯科特和凯瑞斯（Scott & Caress，2005）提出企业建立学习型组织的重要内容是实行共享型领导制度，在该种制度下，学习型组织可以不断让新成员加入并参与决策，根据他们的实际情况为他们制定相应的计划，并且分担适合自己的任务，为他们创造多种交流学习的机会，鼓励组织成员之间建立良好的无等级协作关系，同时在组织中形成浓厚的学习氛围[85]。共享型领导意味着每一个成员都有权利、责任和义务参与决策，这实际是一种团队分权的表现。恩斯利、基米莱斯克和皮尔斯（2006）也曾指出团队中的领导是由整个团队一起实行的，而不是由某一个指定的人单独实施领导权[86]。蒿坡等（2015）认为共享型领导风格是一种非正式的、水平的团队领导力，其关注点在于垂直领导权力在组织中的横向分布，强调的是成员之间的权力共享、相互影响和集体角色定制[87]。此外还有学者从社会网络视角对共享型领导进行定义，他们是依据团队中正式领导人数与非正式领导人数的比例来判定是否为共享领导，在这里所说到的非正式领导即为共享型领导。

本书的研究对象是中国情境下的中小型企业员工，过程论强调的是领导权力动态转移的过程，排除等级差异，充分考虑团队成员的特性，根据他们的能力、优势、知识和技能对领导权力进行分配，以解决团队在不同阶段所要面临和解决的问题，由此实现团队成员共同参与决策的过程；而社会网络视角的定义倾向于通过正式领导与非正式领导人数比例来判定是否为“共享”，前者的概念更适合应用于中国企业文化背景，通过这种团队分权行为，激励员工为了共同的企业目标而努力。因此，本书在研究共享型领导对员工进谏行为的影响时，更倾向于过程论的观点。

根据之前学者给出的各种定义，可以总结出共享型领导的内涵主要有以下几个方面：第一，团队中的领导权不只由一个人支配，是根据任务类型与团队成员的能力、优势以及个人特点进行匹配，以实现对领导权的分配；第二，共享型领导的目的是实现企业和组织的共同目标和共同利益，而不是去关注谁是权力的行使者，在工作过程中团队成员是一种自我管理的状态；第三，共享型领导中的领导权是不固定的，它可以在团队成员之间进行转移；第四，在进行领导权力分享的过程中，团队领导和团队成员之间是没有等级差异的，彼此之间可以进行平等的知识交流和共享；第五，共享型领导下，团队中的影响是多方向的，包括纵向影响和横向影响两种。纵向即团队正式领导与团队一般成员之间的影响，横向是指团队成员之间的相互影响，其中横向影响所占比例较大。

二、共享型领导的维度

梅奥和梅恩德尔（Mayo & Meindel，2003）提出了包括组织分权化和领导分权程度两个维度在内的共享型领导二维结构模型[88]。（后）伍德等（Wood et al.，2007）也对团队共享型领导划分为两个维度，通过共享领导的表现和团队对共享领导的鼓励，对团队共享型领导进行评价[89]。国内学者刘博逸（2009）在前人研究基础之上，基于中国社会和企业文化背景，将企业共享领导划分为四个维度，包括绩效期望、团队学习、相互协作和权力共享等[5]。其中绩效期望主要通过按照绩效标准严格要求自己以及不断寻找新的方法提升绩效来测量；团队学习主要包括积极寻找学习机会、自觉学习新知识和新技能、善于发现学习技巧、注重提升自己的能力等；相互协作维度主要指团队成员弱化竞争意识，在面对组织目标和团队工作时，要树立团队意识，讲究合理分工与团队协作，善于与他人沟通，通过合作提升工作效率，更好地完成任务；权责共享维度主要包括团队成员轮流担任领导角色、与其他人一同行使领导权力、共同对团队负责、与正式领导无等级差异、不同情况下选择合适的人担任主要领导等。赵国祥和赵鹏娟（2012）在后来的研究中又对共享型领导的四个维度进行了修改，除了权责共享外，其他三个维度分别是团队进取、团队期望和团队合作[90]。皮尔斯等（Pearce et al.，2009）在共享型四维结构模型的基础上建构了五因素领导模型，后也有学者在相关研究中选择了皮尔斯的五个因素中的三个作为共享型领导的维度[91]。

第二节 进谏行为

一、进谏行为的内涵

面对经济发展的新常态以及企业管理方式的升级换代，企业要想尽快适应当前的发展速度，随时进行优势更替，就必须要时刻注意企业自身的改进和革新，紧跟组织管理模式转变的速度，提高员工的主动行为就是这场改革的关键，而员工的进谏行为是员工主动行为中具有代表性的一种[92]。

关于进谏行为的最早研究出现在“EVLN”模型中，模型中有4个因素，其中“发言”就是现在所说的“进谏”，当时是指与上级主管进行讨论，表达自己的观点，能够有效地帮助员工恢复对企业的满意度，但是只有当员工对企业有足够的认同度和归属感，才会促使这种行为的发生。现在关于进谏行为的研究大多都已经脱离了此模型，将进谏行为看作一种员工的自觉行为，或者认为进谏行为是员工角色外行为的维度之一。

本书在研究进谏行为的过程中，主要对角色外行为的相关文献进行整理和分析，不对那些将进谏行为归入角色参与过程的研究进行深入探讨，因此将员工的进谏行为看作一种角色外行为。

赫希曼（Hirschman，1970）最早开始进行员工进谏行为的研究，他提出当员工对自己当前工作的满意程度较低时，员工的反应通常会分为两种，一种是采取进谏行为试图改变现状，另一种是离职，同时他还强调进谏行为是一种积极行为[93]。莫托维多等（Motowildo et al.，1997）曾经提出员工采取进谏行为是一种适应环境的表现，通过自己的这种沟通交流行为有可能对当前的环境产生改变，并且它对于企业的未来发展具有建设性意义，是一种有价值的人际交流方式[94]。范德恩和莱皮内（2003）将进谏行为看作员工的一种主动自愿的角色外行为，员工主动进谏的目的是希望能够通过自己的努力使组织有所改变[95]。根据其他学者的相关表述，按照员工的进谏目的，可以大概将其分为两种，一种是变革型的，这类员工所提出的意见和看法大都具有挑战性，因为他们的目的是改变组织现状，为组织变革提出一些有建设性的观点和意见；另一种是在团队合作的基础之上，充分发表自己的意见、建议和看法，以促使工作目标能够更好地实现。

从上述学者关于进谏行为的定义可以看出，不同的学者对于进谏行为的侧重点不同，因而提出的概念也不尽相同，并且随着组织的不断变革和发展，关于进谏行为还将会有更多的研究。在前人研究基础之上，总结员工进谏行为具有 4 个特点：①它是一种角色外行为，由员工主动提出建言；②它是一种非沉默、中性的行为；③它的目的是表达员工对组织的看法，包括抑制性和促进性两种[96]；④它是一种有风险的行为，有可能会对员工与上级或同事之间的关系造成不良影响。当然从现有研究来看，员工进谏行为对于组织和个人的长久发展是有积极影响的。对组织而言，员工为组织建言献策解决当前所面临的问题，并且提出更好的发展策略，从而提升组织的核心竞争力[97]；对个人而言，当员工的进谏行为受到尊重，其建言能够被接纳和采用，将会起到一定的激励作用，员工会因为获得认可表现出较高的组织承诺和组织信任[98]。

总结上述概念可以看出，员工的进谏行为是一种积极的主动行为，能够对组织的发展产生有益的影响。

二、进谏行为的维度

维斯与库珀（Withey & Cooper，1989）最早提出进谏行为不是由单维度构成的，应该被划分为多个不同的维度，通过他们的研究，可以发现单一维度在测量过程中存在弊端，如内部一致性会导致测量结果的不准确[99]。范德恩等（2003）的研究支持了前面学者的多维度概念，并且提出不同角度针对进谏行为可以有多种划分方法[95]。从进谏的受益者角度，哈格多恩等（Hagedoorn et al.，1999）将其划分为公众获利和个人受益两种[100]。按照进谏的内容，杨森等（Janssen et al.，1998）认为进谏行为包括适应组织型与促进组织创新两种[101]。从进谏动机上，范德恩等（2003）将进谏行为划分为顺从型、自我保护型和有利组织发展型三类[95]。从进谏的对象上看，进谏行为包括两种纵向路径和一种横向路径，两种纵向的为下属向上级进谏，也可以由上级对下属，横向的是指平级的同事之间。

梁健和樊景立（2008）基于中国的文化情境，针对员工的谏言类型提出了二维模型，包括促进企业当前决策实施的谏言和抑制现有状态并纠正错误的谏言，他们是根据员工进谏的目的或者动机进行维度划分的[62]。员工在提出促进性谏言时，是为了能够提升组织绩效促进当前有利于组织发展的行为继续发生，因而提供更加具有建设性和创新性的意见；员工提出抑制性谏言是因为企业当前面临着一定的危机或者正在发生某些不利于企业发展的行为，员工为了表达自己的担忧，希望能够通过提出制止性或者预防性的意见来阻止目前出现的问题，避免企业的工作效率以及发展进程因此受到影响。

国内学者王二博（2007）也在中国背景下对进谏行为的维度进行了划分，与上述“促进性”和“抑制性”相类似，他提出了“出谋献策”和“规劝指正”两个维度[102]，“出谋献策”与促进性谏言目的相似，都有推动作用；“规劝指正”与抑制性谏言的动机相同，有劝阻的含义。

第三节　心理安全

一、心理安全的内涵

心理安全的概念最早源自沙因和本尼斯（1965）的组织变革理论，

他们将心理安全定义为一种能够促使团队成员愿意并且有勇气承担团队任务的感受[54]。根据学者们的研究，可以看出，心理安全主要有三个层面的表述：个体层面、团队层面、组织层面。

卡恩（Kahn，1990）最早在个体层面提出了心理安全的概念并研究了其形成因素和影响结果。他认为这是个体的一种主观感受，当个体认为自己在做出某些展示或者行为后，可能会对自己当前的地位、形象或者前途造成威胁和破坏，从而产生不可挽回的影响和后果时，他可能会阻止自己发生这种行为。换句话说，高心理安全感的人对未来是可预见的，认为在真实的表现和展现自我后，所产生的一切后果都是安全可靠的，自身的地位、形象以及前途都不会有任何负面影响[103]。

埃德蒙森（1999）在个体层面心理安全的研究基础之上，首次提出了团队心理安全的概念和理论框架，开发了有关团队心理安全的测量量表。他在团队学习的背景下开展研究，研究过程中所做的实验以及实证分析都证实，只有让人们置身于安全可靠的环境中，他们才有可能进行大胆的创新和学习。他是第一个提出团队层面心理安全概念的人，否认了心理安全仅仅是个人的心理感知，将心理安全看作团队的共同信念，即团队成员共同认为在团队提出意见和想法是安全的，不会受到任何的威胁和惩罚。这种认知不只是企业环境所赋予的，更多的是源自团队成员之间的信任和尊重。埃德蒙森（1999）重点说明团队层面的心理安全并非强调个体对于环境舒适程度的感受，而是出于对团队的信任所愿意承担风险的预测和感知[58]。舒佩尔斯等（Schepers et al.，2008）将心理安全感看作对工作团队中人际信任及自我价值的感知[104]。

布朗和莱特（Brown & Leight，1996）首次将员工的心理安全问题放在组织层面，认为心理安全感是员工对工作环境的一种主观感受，即对环境安全程度的感知，并且员工的这种心理认知能够对组织氛围产生一定的影响[105]。马库斯和迈克尔（Markus & Michael，2003）认为组织心理安全感能够指导并支持员工在组织环境中进行一些公开或是相互信任的活动[106]。

二、心理安全的维度

埃德蒙森（1999）最早提出团队心理安全时认为它是单维度的概念[58]。布朗等（1996）在组织层面对心理安全感的维度进行划分，主要包括支持性管理、角色澄清和自由表达三个维度。泰南（Tynan，2005）则根据自己提出的团队心理安全的定义，将心理安全分为自我和他人两个维度[107]。

国内学者吴志平等（2011）认为，如果想对团队心理安全进行有效的测量，需要对企业管理人员和一般员工的具体表现进行分析，同时考虑到由于东西方的社会文化制度存在很大的差异，企业管理人员的心理感受也会存在区别，因此应该对心理安全的维度进行详细的划分[108]。在此基础上，他们根据美国企业管理学者所论述的量表编制方法，编制了适合中国文化背景和企业管理现状的团队心理安全气氛量表，在量表制作过程中他们将团队心理安全划分为四个维度：直抒己见、互敬互重、人际冒险、彼此信任。

第四节　内部人身份认知

一、内部人身份认知的内涵

目前国内外学者们对于内部人身份认知的研究并不充分。关于员工与组织关系的讨论主要有两个方面，一种是建立在员工与领导者之间的关系，根据互惠原则，上级管理者将员工划分为“圈内人”和“圈外人”两种；另一种是基于社会交换理论，依据组织对员工的诱因和员工对组织的贡献，将员工划分为“内部人”和“外部人”，组织对待不同员工的方式不同导致员工对组织产生不同的认知。

内部人身份认知起源于自我概念，意思是自己认为的别人对自己的评价（罗森博格，1979）[109]，王晖等（2014）也将内部人身份认知作为员工自我概念的一个重要维度，是员工对自己与其他组织成员关系程度的一种感知[110]。当组织中的员工进入组织后，随着工作的不断增加，会经历从“圈外人”到“圈内人”的过程（托马斯和安德森，1998）[111]。斯坦珀和马斯特森（2002）指出，内部人身份认知（perceived insider status）是指员工在组织或者团队中被接受或自身所获得空间的程度以及自我存在感的认知，内部人身份认知这一概念与组织认同相似，二者存在关联，但又有所区别，前者强调的是员工的内心感受，是一种“归属感”的体现，后者强调员工认同自己组织内部成员的身份，是对身份的认同。在后续的研究中，斯坦珀和马斯特森（2003）也指出了员工内部人身份认知的“归属感”（belonging）体现，员工在组织和个体层面的感知可以被划分为多个维度，“归属感”也是其中的一种[68]。员工在组织中将自己定义为“外部人”到“内部人”转化的过程，是员上“归属感”不断提升的体现。后续也有学者将内部人身份认知定义为自我概念的一个认知维度（陈振雄和萨穆埃尔，2007）[112]、员工对于组织包含自己程度的感知，当然这种包含感知不一定会在一些环境下发展成为内部人身份认知（趋红丹和汤先萍，2015），因此在论述内部人身份认知概念时需要将包含感作为一种因素进行考量[113]。本书所说的内部人身份认知是员工对自己组织内部成员身份的一种认知。

二、内部人身份认知的维度

斯坦珀和马斯特森（2002）在前人研究基础之上提出了内部人身份认知的概念，并且开发了6题项的单一维度量表[114]。在此之前还没有可以直接测量员工感知自身内部人身份的相关量表，过去的一些研究侧重于衡量员工的实际包括、员工在组织中的重要程度[115]以及员工的中心位置和组织影响[116]。斯坦珀和马斯特森认为内部人身份认知主要是对员工归属感的衡量，后来也有学者将内部人身份认知划为自我概念的一种重要维度。本书中采用斯坦珀和马斯特森的相关概念，认为内部人身份认知是单维度变量。

第五节 权力距离

一、权力距离的内涵

权力距离最早出现在文化差异研究中，荷兰学者霍夫斯坦德（1972）通过对40多个国家、10多万人进行调查之后，认为权力距离是文化差异的一个维度，这一维度反映了组织层面权力的集中程度。霍夫斯坦德（1988）最早提出了权力距离的概念，奥瑟伦（Oysernlan，2006）将财富、权力甚至地位全部划为权力距离的范畴，认为是个体处于国家或者社会中对于上述资源分配不公的接受程度，或者说是对这种不公平现象的合理程度的认知。后来周建涛等人进一步从个体层面提出了权力距离的概念，即“组织中的个体对于权力分配不公平的接受程度”[117]。权力距离常被视为是文化价值观的一个维度，不同国家因为历史文化和地域文化等方面的不同，导致身处其中的个体对于权力距离的高低认知存在差异，同时这种差异又反过来影响人们的思维方式和行为习惯。因此越来越多的学者开始关注权力距离这一概念，并试图从该视角研究组织中的个体行为。

学者们最早研究权力距离的时候，是基于国家文化差异进行分析的，因此认为权力距离仅仅是存在于国家层面的，并且随着文化差异的产生而出现高低认知不同的情况。后来随着研究的深入，学者们逐渐发现权力距离不仅存在于国家层面，也同样存在于组织和个体中，即便是在相同的国家文化背景下，不同组织的成员或者不同个体仍然会在权力距离认知方面存在差异，由此开始出现了组织层面和个人层面的权力距离研究。权力距离也成为组织行为研究中探究个体差异的重要变量[118]。组织权力距离（group power distance）借鉴了国家层面的研究，将组织中的成员视为一个整体，这些成员对组织中权力分配不公平的接受程度是相似的，因为他们受到相同组织文化的影响[119]，有学者曾指出组织权力距离会对员工行为产生影响，组织权力距离越低越有利于激发员工做出积极行为。

目前大多数研究都是针对个体层面的权力距离进行探讨的。个人权力距离（personal power distance）主要指组织中的个体对于上下级权力差异的看法和态度[120]，可以将其看作个人的一种特质。在组织行为学中，个体层面的权力距离又可以细分为领导和员工两个导向。高权力距离导向的领导强调等级制度和自身权威，员工不需要提出自己的建议，只需要服从上级命令。员工权力距离导向是以员工为出发点，高权力距离导向的员工本身并不在意权力分配是否公平，甚至认为一定的权力差异是符合实际和可接受的，当面对上级的命令或决定时，更多情况下他们会选择执行命令而不是表达自己的想法或者向上级提出质疑[121]，拥有这种认知的员工更适合在传统领导环境中工作，如家长式领导、专权式领导方式等[72]；而权力距离导向较低的员工会比较在意组织中权力的分配程度，他们认为组织中的成员应该是平等的，并且愿意与领导进行双向互动，将自己的意见和建议及时反馈给对方，积极参与组织中的活动。本书认为进谏行为属于个人行为，所以对于权力距离的探究也集中在了个体层面，且研究对象主要为员工，最终将权力距离定义为“个体在组织中对权力分配不公平的接受程度”。

二、权力距离的维度

多夫曼和豪厄尔（Dorfman & Howell，1988）在其开发的量表中将个体权力距离划分为两个维度，包括职能距离和情感距离[122]。职能距离反映了上下级之间因为权力距离而产生一定的差距和依赖，领导者行使自己的权力，在工作中做出决策，包括奖励、惩罚或者授权等等，从而让员工产生权力距离感。而情感距离则是工作中职能距离的延伸，在组织中，除了工作上的交集，上下级之间还有情感方面的交流和沟通，因此权力距离导向在另一方面也使领导者与员工在情感交流和人际沟通方面产生距离。厄利和埃雷兹（Early & Erez，1997）后来开发了单维度量表[123]，包括 8 个题项，如“管理者在做出决策时可以不征询员工的意见”“管理者的权力会因为员工经常提出质疑而受到影响”等。但是使用最广泛的还是多夫曼和豪厄尔（1988）开发的量表，该量表具有 6 个题项，按照其维度划分，题项“管理者做出决定时员工不应该对其提出质疑或发表意见”等用来测量职能距离，题项“企业管理者应该与员工在工作之外减少接触，保持距离”等则主要是测量情感距离。该问卷已经被很多学者验证和采用，具有良好的信度和效度，本书所采用的也是这一问卷。

第六节　本章小结

本章回顾了研究中涉及的共享型领导、心理安全、内部人身份认知、权力距离和进谏行为五个核心要素的相关概念。共享型领导是领导权力在团队成员之间动态转移的过程，团队成员共同作出决策相互影响相互学习，一般将其划分为绩效期望、团队学习、相互协作和权力共享等四个维度；心理安全是组织员工对环境安全的一种主观感受，可将其视为单维度变量，也可划分为自我和他人两个维度；内部人身份认知作为自我概念的一个重要维度，是对员工与组织关系的讨论；权力距离是文化差异的一个维度，存在于国家、组织和个人层面，在本研究中强调个体层面员工对上下级权力差异的认知；进谏行为是员工的一种主动行为，对组织的发展具有有利影响，本书在撰写时支持“促进性”和“抑制性”的二维进谏模型。

第三章

相关理论分析与研究假设

第一节 相关理论

一、认知理论

本书借助心理学领域的社会认知理论作为研究的基础，所以对其作具体的阐述。在研究方法上，除了传统的管理学方法外，越来越多的心理学和社会学的理论被应用到知识分享的研究，包括社会交换理论、理性行动理论、计划行为理论等。这些理论的应用使知识分享的研究有了更扎实的理论基础。班杜拉（Bandura）的社会认知理论强调认知性因素在行为改变中的作用，从全新的角度揭示了人类行为的形成与维系机制，认为个体、行为和环境是相互影响、相互依赖和相互决定的。目前，对社会认知理论的应用已经广泛涉及管理学的很多方面，但利用它对知识分享行为的研究并不多，本书正是从这样一个角度，即基于班杜拉的社会认知理论来研究企业内的知识分享行为的。

社会认知理论是一个广泛被接受的，用来验证个体行为的理论。与上述理论（社会交换理论、理性行动理论、计划行为理论等）相比，社会认知理论在解释知识分享问题上更有优势。一方面，该理论有很强的解释力，前人的诸多研究结论可以在该理论的框架下得到统一的解释，从而形成一个整合的概念模型。例如，知识权力中外部激励的观点可以用社会认知理论中的结果期望来解释；认知能力观点可以用自我效能理论来解释；组织文化观点可以通过社会认知理论中的三元互惠作用来解释。另一方面，我们说知识管理其实是管理人，一切以人为本，对知识的管理和对人的管理并不对立，人可以驾驭信息，但信息不可能领导人，因此知识分享的主体是人。罗伯茨（Roberts）认为影响知识共享的因素很多，但其成功的关键有80%与“人”有关，仅有20%与“技术”有关。共享的企业文化不是一朝一夕得来的，知识管理更多的是管理问题，所以要从了解人开始。该理论作为心理学中一个成熟的理论，强调人的认知因素对行为的影响，这更符合上述特点。用社会认知理论的自我效能预测个人行为的能力也已经得到许多文献的证实。

社会认知是在20世纪七八十年代兴起的一门新兴学科，在90年代得到迅猛发展，是当前社会心理学研究一个重要领域。班杜拉被普遍认为是西方新行为主义的主要代表之一，在班杜拉的学习理论发展过程中，人的认知因素占有越来越重要的地位，在90年代末，班杜拉的“社会认知理论”地位完全巩固下来。班杜拉的社会认知理论强调认知性因素在行为改变中的作用，从全新的角度揭示了人类行为的形成与维系机制，认为个体、行为和环境是相互影响、相互依赖和相互决定的。这种个体、个体的行为及行为所处的环境之间不断进行的、持续的相互作用称之为“相互决定论（reciprocal determinism）”。对于个体因素，班杜拉主要强调认知性因素，而认知因素又主要指的是自我效能，根据班杜拉的定义，自我效能是个人对于他自己完成特定组织或任务时的一种能力判断，它是外在环境、其他自律机制（self-regulatory mechanism）和个人能力、经验、成就表现产生交互作用的结果。作为主体因素的一个方面，自我效能是个体应对或处理内外环境事件的效验或有效性，是个体在行动前对自身完成该活动有效性的一种主观评估，这种预先的估计对后续的行为会产生多方面的影响。班杜拉认为个人是根据自我效能来启动、规范并维持他们自己的行为的。班杜拉、伊格巴利亚（Igbaria）和伊瓦里（Iivari）认为自我效能扮演了影响个人动机和行为的重要角色，自我效能高的人更可能表现出相关的行为。

个体因素中还包括结果期望，结果期望是个人对从事特定行为的结果的信念，对从事某活动所想象的结果，包括对活动结果反应的几种信念。它通过与自我效能相似的学习经验而获得，如回忆成功的事，对自己的活动产品的关注等。社会认知理论认为结果期望会影响自我效能，结果期望和自我效能会对行为起主导作用。

本书内容参考班杜拉、伊格巴利亚和伊瓦里的研究，把自我效能和结果期望看成是影响知识分享行为的个体因素。现在，利用社会认知理论的研究已涉及社会学、经济学、管理学以及一些自然科学。因此，采用社会认知理论来作为本研究的理论基础是可行的。社会认知理论的三元交互作用见图 3 -1。

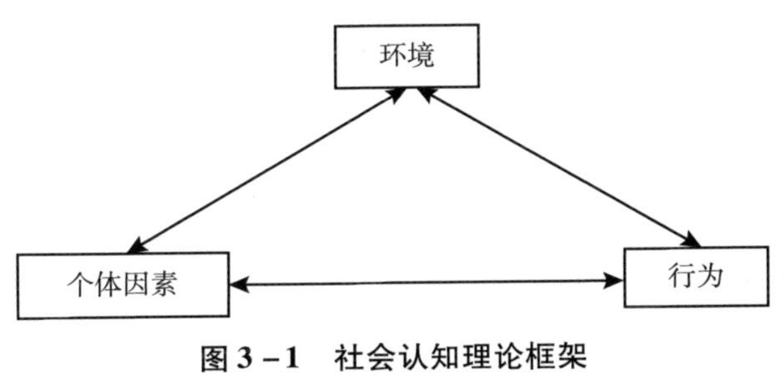

图 3 -1　社会认知理论框架

认知理论的提出意味着研究方向转化为寻求内部认知的过程，而不再是继续探求外部行为心理学。基于传统的心理学派研究，认知心理学派继续摸索研究，提出了行为主义研究假设，建立了 S - O - R（S - C - R）模型，即“刺激—认知—反应”模型。托尔曼（Tolman，1990）提出在一定条件下，机体察觉、推导等多种认知过程的传导作用可以引发特定的行为。而班杜拉提出了社会认知理论，即决定个体行为的重要因素是人与环境的相互作用关系，而不是人的动机、本能、特性等其他要素。他也提出了三元交互作用，即环境、主体、认知之间存在动态关联。他认为，环境、主体、认知这三个要素中任一因素的变化都会导致另外两个要素之间的关系模式和强度的变化。“刺激—认知—反应”模型是认知理论的核心机理，同时也是本章研究的关键性基础框架。

二、社会交换理论

在对建言的构念进行讨论时，有学者认为，建言可视为组织公民行为的维度之一。因此，在讨论建言行为的动机时，有研究基于组织公民行为的动机以及影响因素入手展开讨论。关于组织公民行为的前因变量，已有文献主要探讨了员工产生组织公民行为的两类动机：性格以及工作态度（奥尔根和莱恩，1995）。“性格动机”表明员工的个人特质可能会使其倾向于表现出组织公民行为。“工作态度”动机的理论基础则在于社会交换理论（布劳，1964）。基于社会交换理论讨论组织公民行为的动机得到多数学者的认同。社会交换理论是由布劳（1964）提出的与经济交换相对应的概念。社会交换与经济交换显著不同，经济交换基于契约性质，而社会交换基于交换双方彼此的信任与责任感。因此，社会交换的核心思想是当个体受益于他人时，会产生回报他人的责任感（克洛潘萨诺和米切尔，2005）。相对于经济交换而言，社会交换理论能更好地解释组织公民行为以及角色外行为。正如上文所述，建言行为作为组织公民行为或角色外行为的维度之一，具有组织公民行为和角色外行为的典型特征。对于建言行为的影响因素，基于社会交换理论的分析要点在于：组织给予员工的利益、关怀和支持等，通过互惠规范（克洛潘萨诺和米切尔，2005），使得员工产生回报组织的责任感和动机，因而更容易表现出利于组织的角色外行为（如建言行为）。基于社会交换理论视角，探讨建言行为动机的相关研究非常丰富（斯坦珀、范德恩，2001；特恩利、费尔德曼，1999）。该视角的研究认为，建言行为大多数是他人导向的。也就是说，个体为他人做好事，是由于受到了来自他人的恩惠（克洛潘萨诺、米切尔，2005）。因此，基于社会交换理论，学者们从态度动机视角对建言行为的前因变量展开丰富的讨论。

如组织支持感、同事支持感与建言行为的关系（乔治，2001；塔克，2006）；心理授权、心理契约、心理安全感等变量与建言行为的关系（希尔卡，2000；德雷特和伯里斯，2007；伯里斯，2008）。斯坦珀—马斯特森、纳普（2009）认为，当员工与其雇主具有较高质量的社会交换关系时，员工很可能表现出“亲组织性”的行为。

刘易斯等（Lewis et al.，2000）提出社会交换理论的内涵是个人与他人建立关系是为了个人利益的最大化，即个体会主动报答自己的恩人。布劳（Blau，2014）深入研究了社会交换理论，认为个体之间的关系成本和收益在决定个人对人际关系的认知中起到决定性因素。侯玉波等（2007）提出社会交换理论的定义，即成本、收益、结果以及比较水平。交换关系可以分为两种类型：经济交换和社会交换。经济交换指社交中当前可获得的利益，以个人利益得失为基础，具有短期特征。而社会交换指的是付出方将自己付出的回报寄希望于未来，而不是当前的利益，具有长期的特质。

三、授权理论

经典的领导理论认为“领导角色”针对单一个体而言，组织外部环境的逐渐变化会导致组织内竞争环境的不断变化，单一的领导者难以使用其自身的力量应对这么复杂的组织环境。因此，越来越多的组织摒弃了原有的层级式管理模式，开始使用授权型管理结构，这样既能提高组织的效率，又能提升组织的灵活性。这样的管理模式升级对组织复杂的外部环境有显著作用，同时也满足了知识型员工对自主性的需求。由于授权型领导的模式在领导方式上有重大变化，其要求员工有足够的自我管理、自我领导、自我控制能力，员工要学会自我影响。而授权型理论的研究基础包括认知调节理论、自我管理行为、社会认知理论，研究好这些理论可以更深层次地认识授权理论。

四、资源保存理论

上述基于社会交换理论探讨建言行为动机的研究，主要立足于他人导向视角，分析建言行为的产生因素。从而认为，员工之所以建言，是由于感知到来自组织的“积极对待”，基于社会交换以及互惠原则，员工会产生回报组织的责任感和义务感。因此，员工产生建言行为的初衷是“希望报答组织，有利于组织”，因此，是他人导向动机的行为。

然而，也有学者认为建言也可能是自我导向的。范德恩、波特罗（Botero，2003）也强调，建言虽然可能是他人导向，但也可能是自我导向的。从自我导向动机探讨建言行为的产生，主要基于资源保存理论（conservation of resources theory，COR）。资源保存理论认为，个体的个人资源（例如时间、体能、情绪能力、注意力等）是有限的。因此，个体往往倾向于保护有限的个人资源，尽量不过度消耗个人资源。基于霍布弗尔（Hobfoll）的 COR 理论视角，学者们研究发现，人们在压力情境下，往往通过保护个体的资源（时间、情绪、体力等）来应对压力。因此，人们期望通过愉快的情境体验，而尽量避免个体资源的丢失和浪费。因此，个体产生建言行为，不仅仅是为了有利于他人（包括组织），也可能是基于保护或获取对自己有价值的资源。

基于 COR 理论视角讨论建言的动机，可以从员工个体出发研究影响建言行为产生的因素。建言行为本身需要耗费个体的时间和精力，即需要消耗个体的有限资源，所以，个体总是有选择的、有策略性地表现出建言行为。这也是个体在压力情境下，较少发生建言行为的原因。托马斯和费尔德曼（2012）采用元分析的方法进一步支持了上述观点，该研究从 COR 理论视角，对工作压力、建言行为、绩效的关系展开研究，并认为工作压力与建言行为负相关。因此，可以从资源视角分析建言行为的产生因素。从资源视角来看，他人导向动机的建言可以视为个体对于自己与他人资源的控制或管理；个体导向动机的建言则可以视为个体对个人所拥有的资源的控制和管理。

五、激励理论

美国心理学家马斯洛（Maslow）在1943年初次提出需要层次理论。他认为人的需要从低级到高级包括5种层次，分别是生理需要（physiological needs）、安全需要（safety and security needs）、社交需要（belonging and social needs）、尊重需要（esteem and status needs）和自我实现需要（self-actualization and fulfillment needs）。当人在生理和安全的需要得到满足之后，随后层次中所包含的内容都明显地表达出个人对组织和社会的参与欲望，如包括和同事的良好关系，希望给予和得到友爱，参与组织和得到承认，从中获得他所能达到的一切成就和获得尊重等等。马斯洛认为，只有尚未满足的需要才能影响行为，人就是为满足而进行工作的，这个进程是没有止境的。这充分说明了人对社会和组织活动的参与管理是现实的而且是必要的。

赫兹伯格（Herzberg）的双因素理论认为：激励员工工作热情和积极性，如工资、奖金、福利、监督、控制等外在因素只能对工作的积极性起到维持作用，而真正能够极大调动工作积极性和热情的因素则与工作本身能否满足员工的成就感、责任感，能否使之通过工作本身得到成长和发展存在直接关系。而员工参与管理的隐含逻辑：通过员工参与管理来发挥员工的能力，扩大其工作责任范围和加强他们对工作的主动控制能力，提高他们的工作积极性，从而使其能够在工作中不断地创造成绩，以成就他们自我实现的需要，同时达到提高组织效率的目的。

现代人力资源管理的实践经验和研究表明：现代员工都有参与管理的要求和愿望，创造和提供一切机会让员工参与管理是激励员工积极工作的有效方法。毫无疑问，很少有人参与商讨和自己有关的行为而不受激励的。因此，让员工恰当地参与管理，既能激励员工又能为企业的成功获得有价值的知识。通过参与，形成员工对企业的归属感、认同感，可以进一步满足自尊和自我实现的需要。

六、人性假设理论

（一）“社会人”假设理论

20 世纪 30 年代，美国心理学家梅奥在著名的霍桑实验中第一次证明了生产率的增进受到如士气氛围、小组成员间良好的相互关系和有效的管理等因素的影响。从此，管理学界将企业员工看作与他人相互结成社会关系而存在的人，由此提出了“社会人”假设。此假设的主要观点：人们的工作动机不只在于经济利益，而更在于工作中的社会关系；同时，物质刺激对调动员工的积极性只有次要的意义，更重要的是社会交往需要和尊重及社会认可的需要。因此，持“社会人”假设的专家们认为：管理者在对员工进行管理过程中除了关心体贴员工、培养员工的归属感和集体主义精神外，其更重要的职能应该是起到“上情下达”和“下情上达”的作用，鼓励员工参与管理，让员工在不同程度上参与企业决策的研究和讨论，并且建立员工参与和制定上下级关系的一系列制度，如提案制度、面谈制度等，使员工能够感受企业的温暖。在此基础上西方的一些管理学家提出了一种新型的管理方式——参与式管理。

（二）“自动人”假设理论

20 世纪 50 年代末，麦克格雷格（McGregor）等提出了“自我实现”的人性假设，并结合管理问题，概括为 Y 理论。这种理论认为：人有自我实现的需要，人只有将自身的才能和潜力充分地发挥出来，才能感受到最大的满足。而让员工有机会最大限度地发挥自己的才能和专长，在适当的条件下采取参与式的管理，鼓励人们把创造力投向组织的目标，使人们在与自己相关事务的决策上享有一定的发言权，为满足他们的社会需要和自我实现需要提供机会。

（三）Z 理论

20 世纪 80 年代初，美国加利福尼亚大学日裔学者威廉·大内（William Ouchi）在他的“Z 理论”著作中提出了 Z 型组织的概念。Z 理论主张以坦诚、开放和沟通作为基本原则，实行民主管理，即员工参与管理，使人们树立起牢固的整体观念，员工之间平等相待，人人对事物均可作出判断，并能独立工作以自我管理取代等级指挥，注重对人的潜能的开发和利用，实现员工的自我管理。Z 理论重视人的因素，强调管理上的民主和员工参与管理的重要性。

通过以上的人性假设理论我们可以看出：管理学家们从经济人假设到社会人假设再到自动人假设，最后到 Z 理论的研究，实现了劳动者从机械的人转变为自我实现的人的假设，从而也实现了人本化管理的转变。员工是社会的人，他们不但有生理、安全上的需要，更希望得到他人的尊重、肯定和认可，希望通过参与组织的管理活动，实现自我的价值，得到组织的认同。因此，在此基础上提出了参与管理思想，即强调管理过程的人性化、民主化，希望能通过相互对话、沟通、信任和积极参与来营造一个和谐的、民主的管理氛围，使组织成员体验到归属感、成就感，提高凝聚力，从而提高管理效能。

第二节 基于心理安全中介作用的研究假设

一、共享型领导对进谏行为的影响

很多学者都指出领导风格会影响员工的工作行为，员工们会对领导风格达成一种共识，进而形成一种组织氛围，作用于员工的工作态度和行为。共享型领导通过让员工在组织内部进行分权，减少了成员之间因为等级关系而产生的顾虑，有利于员工及时表达自己的意愿和想法。有学者已经从结构模型角度论证共享型领导中工作授权能够影响员工的表现和行为，验证了授权型领导风格对员工自主性、创新性行为的影响，变革型领导对员工的进谏行为具有促进作用等。根据前人的研究认为领导风格能够对员工的组织承诺产生影响，组织信任感在这一影响机制中起到中介作用，进谏行为是员工表现组织承诺的一种方式。

根据麦克利兰的激励需要理论，人主要有成就、权利和归属三个方面的需求。激励水平能够对员工的组织归属感产生一定的影响，对于权利需求较高的人，通过共享型领导方式，能够让员工通过获得一定权力而使自身欲望得到满足，对其产生激励作用并获得归属感，这会促使员工主动做出一些有助于组织发展的行为。

在共享型领导中，组织中的人际关系也是影响员工行为的重要因素，这里的人际关系主要包括两个层面，一是员工与上层管理者之间的关系，二是普通同事之间的关系。当员工受到他们信任的领导公平对待时，他们倾向于将他们与领导的关系认为是社会交换关系而不是经济交换关系。这种领导员工关系的结果促进了员工的进谏行为。基于社会交换理论，企业领导者与员工之间是一种互动关系，如果员工对领导足够的认同和信任，进而认为领导与自己的立场相同，更容易减少员工沉默行为的发生，让员工和领导之间建立良好的互动关系，产生满意和稳定的感受，有利于更多进谏行为的出现。郑晓涛等的研究发现，在中国的社会背景下，当员工愿意信任领导，员工很有可能不会再继续保持沉默，敢于将内心所想表达给领导，从而增加员工进谏的可能性。与西方国家相比，在中国企业中，领导的亲和力和信任感对员工的行为影响极大，甚至会左右员工的行为，这就是中西方文化的差异。

员工在企业中会用自己的工作投入与企业进行交换，交换的内容包括物质和精神两方面，如果员工认为企业所给予的回报与自己的投入成正比，则会让员工产生一定的归属感，企业环境产生的归属感与员工主动进谏的行为就是一种回报与投入的关系。这关系到员工是否真正愿意为争取企业的最大利益付出自己的行动，承担相应的责任。在中国，人们更加关注的是未来的不确定性，一种和谐的工作环境更容易让员工有安全感和归属感，让员工认为用自己的付出能够换取组织的回报而不是风险。员工与企业交换的过程中，员工会将企业的回报作为自己付出的一种评估，这种回报包括企业文化、工作环境、奖励制度以及领导认同程度等等，在共享型领导氛围下，能够给员工创造轻松的工作环境，让员工的建言内容更易得到企业其他成员的认同，员工会将自己的期望与企业所能提供的这些外在资源进行比较，然后再判断自己是否应该采取进谏行为，因此员工的进谏行为是受领导者的领导风格所影响的。

假设1：共享型领导对员工进谏行为有正向促进作用。

二、共享型领导对心理安全的影响

认知理论的出现是由外部行为心理学研究向内在认知转化的探索过程。共享型领导与员工的心理安全就是外部行为与内在认知的关系。认知心理学派首次提出了行为主义研究的假设，托尔曼是认知心理学派的代表人物，他构建了“刺激—认知—反应”（S－O－R）模型，认为环境、个体和行为之间是相互关联和影响的。托尔曼认为只要满足一定的条件就会引起个体产生某些行为，但这需要经过一系列包括感知、推导在内的认知过程才可能实现，他提出的“S－O－R”模型也是本书研究理论框架的重要理论基础。班杜拉（1986）后来提出社会认知理论，他的主要观点是，人的行为不是由人的动机、特质等因素所决定的，而是在个人与组织环境的相互作用之后产生的。

社会交换理论指出，企业员工与组织的关系实质是一种交换关系，在这个过程中员工通过自己的劳动和对组织的忠诚来换取组织的报酬。这种交换关系像其他的交往关系一样也是需要维系的，其中的关键就是两者之间的相互信任。在交换关系建立的同时，必定存在着风险，员工会对其中的风险和不确定性进行一定的评估。在社会交换中，双方的心理感受对维系和激发交换关系具有重要的影响作用，当员工对组织的信任程度较高时，就会产生较为和谐的交换关系。从心理学的视角，员工对组织的信任程度反映了员工心理安全感的高低。领导在社会交换关系中扮演着重要角色，领导的管理风格和领导行为对员工的心理感受都会产生一定的影响。

共享型领导给员工提供一种没有等级差别的氛围和环境，能够让员工产生安全的心理认知，有更强烈的归属感。同时在没有等级差异的情况下，员工与组织之间会形成相对和谐的社会交往关系，从而增强员工对组织的信任，进而增强员工的心理安全感。研究表明，那些拥有高水平共享型领导的团队更容易产生积极情感氛围，让员工更加自信地面对当前的环境，增强心理安全感。

根据麦克利兰所提出的人的三种高层次需要，可以在成就、权利和归属三个方面提升激励水平，以满足不同需要的员工，让员工增强对组织的归属感。通过共享型领导方式，能够让员工获得一定的权利，满足自身的权利需要，对其产生激励作用，从而能够让员工获得一定的归属感。组织中的人际关系也是影响员工归属感的重要因素，包括员工与上级管理者之间的关系、一般员工之间的关系。共享型领导中，团队成员之间是相互合作、知识共享的，无论是纵向的还是横向的关系都是比较和谐的，这样十分有利于员工实现自身价值，产生强烈的归属感，这也是员工心理安全的一种重要表现。因此，共享型领导对员工的心理安全具有正向的促进作用。综合上述分析提出假设：

假设 2：共享型领导对心理安全有正向促进作用。

三、心理安全对进谏行为的影响

韦斯特（2002）曾提出安全参与的概念，即在某种组织氛围下员工预测自己提出新的观点或建议时不会遭遇拒绝和威胁，这与团队心理安全的概念有一定程度的相似性。

在认知理论中，班杜拉（2002）强调了个体因素的自我效能，他认为自我效能是个人对于自身完成某种特定组织任务的能力判断，也就是员工在进行某种活动前，会先对该活动的有效性和后果进行主观分析和判断，这种理性的估计将会对员工未来的行为产生影响。个体的心理安全就是对自己的行为进行预先的评估，以确定不会产生严重的不良后果。经过有效性的判断，员工可以决定自己是否采取行动，当心理安全感高时，员工就可以大胆地采取进谏行为。根据马斯洛的需求层次论，人的需求有五种，生理、安全、归属、尊重、自我实现。自我实现是人的最高层次需求，它的产生必须要建立在前四者的基础之上，唯有低层次需求获得满足时，人才会有追求更高层次需求的欲望，才可以期望具有最充分、最旺盛的创造力，实现自己的远大理想和抱负。因此，当员工的安全需求得到满足时，才会产生更强烈的归属需求，员工对归属感的需求表现在对于企业决策的参与程度。

在组织和团队中，很多员工都不会自愿公开表达自己的观点，在整个讨论活动中往往处于被动的角色，更不会积极地建言献策，提出合理的建议和看法。从理论上讲，可以利用员工的心理安全认知理论来解释这种现象。尤其是在中国的文化背景和组织情境下，团队和谐和领导权威都是中国的传统文化，一旦在公共场合直接针对工作问题提出意见，就会被视为挑战领导权威，影响内部和谐。当员工所处的环境能够给其带来较高的心理安全感时，员工对于各种人际风险的担心就会大大减少，变得更加大胆和开放，以积极的态度看待进谏行为。埃德蒙森等（1999）的相关研究曾表明心理安全感高可以促进员工富有建设性意见的表达，让员工能够安心进谏而无后顾之忧。相反，如果员工认为自己的进谏行为有可能会给自己带来麻烦和损失，他们将会为了保护自己而选择保持沉默。由此可见，心理安全感的高低程度会对员工表达观点的行为和动机产生影响。

根据徐燕等人的研究，员工与领导间的社会交换关系能够带给员工一定的心理安全感，这种关系和心理认知能够鼓励员工实施进谏。此外，高心理安全的个体感知到，参与进谏行为将对他们自身的利益造成很小的风险。瓦伦巴瓦等（2009）在研究中发现伦理型领导氛围下，心理安全与员工的进谏行为成正相关关系，它表示在舒适的心理环境中，员工敢于挑战领导的权威。但是与之相反的是，当组织带给员工较低的心理安全感受时，员工在表达观点时会缺少动力和勇气（埃德蒙森，1999）。这种限制参与的氛围会导致成员分享较少的观点和创造性的建议。

钟建安和段锦云等（2005）认为员工的进谏行为会对他们的人际关系造成不可预知的影响，而心理安全感能够给员工一种保证，让他们感受到来自组织的稳定性和确定性，他们的人际关系不会因为自己的行为受到负面影响。所以心理安全作为进谏行为的必要条件，当员工感知较弱时，多数情况下不会向组织作出进谏行为。很多研究都已经证实，员工的心理安全感是促使其进谏的前提条件之一。梁健、樊景立（2008）证实了安全的心理感知对员工的进谏行为有一定的促进作用。梁建等又进一步证实个体心理安全感能够积极预测员工的进谏行为，包括抑制性和促进性两种。后又有学者通过研究证实自我效能对员工进谏行为的促进作用受到心理安全感的调节，对于高心理安全感的员工，更容易对员工进谏行为产生积极影响。总之，根据上述分析，员工的心理安全感能够直接对进谏行为产生影响。分析上述研究，提出假设：

假设3：心理安全对进谏行为有正向促进作用。

四、心理安全在共享型领导和员工进谏行为之间的中介作用

心理安全是员工对于工作环境的感知和判断，它能够指导员工在组织环境中开展一定公开或者相互信任的活动。

在中国的文化背景下，企业员工对未来工作的不确定性更为关注，如果员工判断自己的进谏行为可能会影响组织群体的和谐和领导的权威性，甚至认为这是一种干扰组织环境和谐的行为，是缺乏心理安全感的表现，很难会继续表达自己的意见和想法。领导行为等组织情境可能会通过对员工心理安全感知的影响，进而影响员工对工作的态度和行为。

已经有学者证实员工根据其所处的组织情境来判断提出自己的观点是否安全（埃德蒙森，1995），因此领导者可以通过采取一定方式提高员工的心理安全感知进而鼓励员工表达观点的主动行为。而心理安全感知主要受到领导风格、人际关系的影响，心理安全度低的人在自身利益未受到威胁的情况下，为了维持当前的人际关系，通常会通过选择沉默进行自我保护（张红丽，2015），可以通过改变领导风格，如采用共享型领导风格使员工的心理感知产生一定变化进而影响员工的行为。瓦伦巴瓦等（2009）研究发现心理安全促成了伦理型领导和进谏行为的正相关，证实了心理安全在领导行为与员工进谏行为间的中介作用。当领导氛围能够让员工产生更强的心理安全感时，员工在做出某些挑战领导权威的行为时就更加大胆，而共享型领导与伦理型领导相比，将会给员工营造更加舒服和安全的氛围，从而促进员工分享观点并提出创造性的建议。

根据认知理论的“刺激—认知—反应”模型，个体的行为是通过环境作用于个体认知从而受到影响的。共享型领导氛围作为一种组织氛围和企业环境，能够通过对员工心理进行刺激让其产生安全的心理认知，从而做出一定的反应。在共享型领导环境下，鼓励员工拥有更多的自主权利和控制权，员工也更容易得到其他成员的帮助，有利于组织内部形成良好的关系，员工的心理安全感会得到提升，在此过程中自然地激发了员工的主动行为，基于上述内容，提出以下假设：

假设4：心理安全在共享型领导和员工进谏行为之间起中介作用。

五、概念框架模型

在第一节的论述中，基于认知理论、激励理论、社会交换理论等，论述了上述三个变量间的关系，以共享型领导为自变量，以进谏行为为因变量，以员工的心理安全为中介变量，构建如图3－2概念模型。

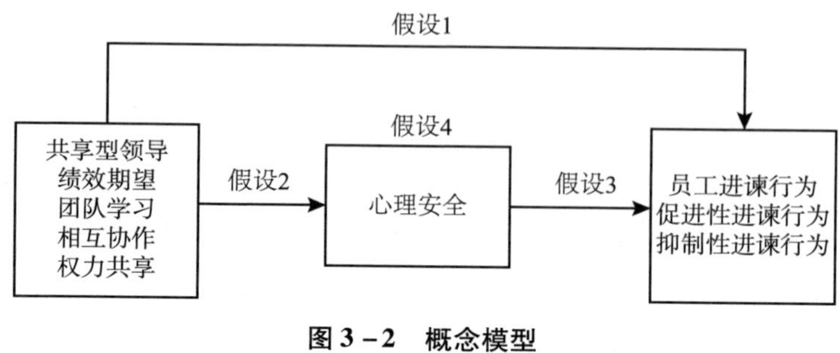

图 3-2 概念模型

第三节 基于内部人身份认知中介作用的研究假设

一、共享型领导对内部人身份认知关系假设

授权是共享型领导的显著性特征。陈振雄和萨穆埃尔（2007）在调查国内企业或组织的管理模式时，发现组织成员接收到的授权程度对其内部人身份认知程度有显著正面影响。

尼姆博哈德（Nembhard，2006）将授权定义为给予每位员工相应的决策权，以达到全部员工参与到决策的目标的这一行为。授权是减轻近年来逐渐升高的市场竞争压力的重要手段。多尼森（Doneson，2008）通过调查数据分析，得出在2008年以前就有超过70%的组织运用授权方式达到组织目标的结论。在授权概念的基础上，共享型领导的概念在20世纪90年代被提出，即领导行为由全部成员共同完成，团队的领导者和成员共同执行领导团队。共享型领导是提高团队内成员的内部人身份认知度以及他们的工作满意度的重要手段，可以显著提高员工的组织积极性。组织成员如果认为其受到了组织的重视，就会承认自己是组织内部人，这就叫作组织尊重员工、积极与员工分享信息的政策行为。通过将权力赋予组织成员，共享型领导顺利地实现了员工参与到决策之中，共同承担组织责任的目的。托马斯（1990）提出，共享型领导可以让组织成员感受到组织对其的重视和认可，从而激励员工的工作态度以及行为。全体员工参与到组织绩效改进、共同承担领导责任的领导方式叫作共享型领导行为。共享型领导在增加成员对组织归属感的同时也让成员实现了自己的个人价值。也就是说，组织信任、认可员工可以使员工在团队的受尊重程度增加，这等同于提高了团队成员的内部人身份认知。因此，我们可以提出，共享型领导模式通过将权力授予企业或组织中每位成员这一方式提高了员工的内部人身份认知程度。

假设1：共享型领导与员工的内部人身份认知程度呈正相关。

二、内部人身份认知与进谏行为关系假设

员工进谏是一种自发性、自觉性为团队服务的行为，当员工认为自己已经被组织承认和赞同的情况下，员工才会将自我利益与组织利益联系到一起。范德恩（2014）提出，企业成员的内部人身份认知越高，其越倾向于继续留在公司工作，为团队承担责任的意识就更强，组织行为就会更加积极，进谏行为也会更容易产生。经调查研究发现，内部人身份认知与进谏行为之间呈正相关。这是因为内部人身份认知会促进员工的组织行为，增加员工的组织满意度，从而为组织投入更多的精力，将组织利益放在第一位，这样促进了进谏行为的生成。

如果员工得以被组织信赖，员工就会视自己为组织内部人，从而员工会更加积极主动地投入组织的工作中，愿意承担自己的工作职责，乐于服从组织安排，还可能主动从事工作责任外的组织活动，这样员工更倾向于表达自己对组织运营的观点以及意见，从而达到全体成员实施进谏行为的目的。反过来，员工视自己为组织外部人，其就会仅做自己被安排的任务，甚至都不愿意做自己分内的工作，更不会主动承担工作职责以外的工作。这样组织成员与组织缺乏感情的情况会降低组织成员的积极性，从而抑制员工对公司进谏。基于以上论述，我们提出第二个假设：

假设2：内部人身份认知与进谏行为之间呈正相关。

三、共享型领导与进谏行为关系假设

在执行共享型领导的过程中，组织内每位成员都是组织的领导，这样可以促进成员互相合作，让彼此产生信任。在共享型领导模式下，员工在自主研究讨论的同时还互相分享着重要信息，这样员工的积极性就被调动起来。因此，我们可以得出结论：共享型领导对提高员工的进谏行为有着积极作用。

在共享型领导中，员工分享团队管理权力就意味着其必须承担起管理组织的责任。在这样的领导下，员工会积极参与公司或组织的管理，员工的进谏行为也能够大幅提高。

研究表明，实行共享型领导的团队，每位组织内成员都拥有领导权，并利用其权力影响整个团队，在这种领导模式下，团队成员合作能力会大大提高、冲突会明显减少，从而提高组织内成员凝聚力和信任程度。由此我们可以得出，在共享型领导中，员工会积极主动增加其对组织的进谏行为。伯格曼（Bergman，2012）还提出在共享型领导模式下，参与决策的成员越多，领导行为越多元化，组织内冲突越少，因此，共享型领导可以有效促进组织内部和谐关系。据调查显示，共享型领导有助于解决团队冲突，而冲突的减少会促进员工的进谏行为。在共享型领导模式下，员工必须要注重团队合作能力，主动减少摩擦，努力在团队中营造一种和谐的合作气氛，这样员工就会向共同的目标努力，积极阐述自己的观点和方案，这有利于进谏行为的发生。此外，在共享型领导下，每位成员都要承担领导责任，这促使员工学习管理技能，有助于公司管理水平提升，从而带动员工进谏行为。

如果要实施共享型领导模式，组织内的每位成员都要有足够的知识储备以及工作能力，团队成员要主动提高自己的能力素养。与此同时，团队内部还会共同进行知识和信息的交流，在员工们知识分享和信息交流的过程中，团队成员素质会继续提升，从而达到团队内部气氛和谐的目的。基于以上论述，我们提出以下假设：

假设3：共享型领导与进谏行为之间呈正相关。

四、内部人身份认知在共享型领导和进谏行为间的中介作用

从反面来讲，作为一种自发性、自觉性的员工组织行为，进谏行为体现为对组织提出积极的建议。如果企业或组织的成员信任、认可其所处团队，这种自发性行为就会出现。根据上文论述，内部人身份认知越高，在组织中的归属感越强，为组织花费的精力就越多，越容易产生进谏行为。因此，内部人身份认知程度高，会促进内部人对团队的进谏，是建言行为产生的主要因素。

共享型领导行为的定义为全体团队员工共同介入组织决策，共同担当组织管理者角色，共同承担组织发展责任。在共享型领导行为下，组织或团队将管理权分散到每位员工身上，绝对信任员工，使员工体现自己的能力。这种广泛授权式领导行为可以提高员工心理上的受认可程度以及团队归属感，从而促进员工内部人身份认知程度。因此，共享型领导行为可以提高员工内部人身份认知程度。

基于上述分析，我们认为共享型领导行为促使员工承认自己组织内部人身份，接收到组织信任自己的积极信号，认为自己被团队认可和信任，进而促进组织成员的内部人身份认知程度增加，最终导致上下级或同级之间的进谏行为发生。因此，我们提出第四个假设：

假设4：内部人身份认知在共享型领导和进谏行为之间起到中介作用。

五、概念模型

作为一个重要的情境变量，共享型领导可以显著影响组织成员的认知，而组织成员的这种心理上的内部人身份认知会对员工的进谏行为产生影响，因此，进谏行为是否发生取决于共享型领导这个情境变量以及员工的认知过程。基于这个原则，本节构建了本书的主要模型，并通过

文献分析法汇总了研究需要做出的假设。本书介绍的研究以共享型领导作为自变量，员工的进谏行为作为结果变量，内部人身份认知为中介变量。构建的模型如图 3 –3 所示。

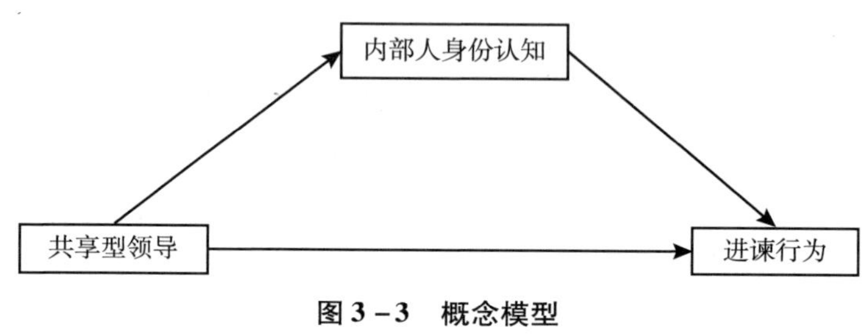

图 3 –3　概念模型

第四节　基于权力距离调节作用的研究假设

一、共享型领导与进谏行为的关系

根据上文我们可以看到进谏行为具有角色外行为、以改善现状为目的和风险性的特征。个体层面上，具有外向型人格和责任感强的个体，年轻而且受教育程度高的个体，学习取向和表现取向的个体更加愿意进谏。情景因素上，自我管理型团队、创新型的团队氛围都能够为员工提供良好工作氛围，这都会提高员工进谏行为的发生频率，此时，员工认为自己的进谏行为会对上级产生影响，并且这种行为不会给自身带来危害，降低了行为的风险性。个体因素与情境因素的交互作用对进谏行为也有影响，员工工作满意感高、自尊水平高并且团队是自我管理型的、团队规模不大时会促进进谏行为的发生。相对于传统领导理论中影响进谏行为的因素，共享型领导的不同之处主要表现在情境因素、个体因素和情境因素的交互作用上，而权力距离代表的则是个体因素。

采用共享型领导方式的团队和组织在执行不同的任务时担任领导的

成员是随着工作情景的变化而变化的，其变化的依据是工作任务情景与员工能力匹配度，这个过程充分调动了团队成员对参与团队领导的主动性和自发性。在这样的团队或组织中，个体的意见会对组织的决定产生影响，并且自身不会受到危害；由于能更多地参与组织管理，个体会更加关注组织的长远发展。另外，共享型领导可以增强组织内部员工的权力感知，根据段锦云的研究，员工权力感知对进谏行为有着显著的正向影响，员工感到自己拥有的权力越多则越可能进谏。因为进谏行为不同于其他组织公民行为，它具有风险性，可能令员工处于不利地位。当员工感到自己拥有很高的权力时，进谏行为的风险性就随之降低了，由此员工也可以减轻自己的顾虑和担忧，更容易发生进谏行为[38]。根据以上论述提出本节的第一个假设：

假设 1：共享型领导对进谏行为具有正向影响。

二、权力距离的调节作用

权力距离是由霍夫斯坦德（1988）用来研究不同国家之间文化价值观的维度之一，代表个体对于权力和权力距离的看法。霍夫斯坦德（1988）的研究表明不同国家间的权力距离是不同的，而后来学者的研究也表明不论是不同国家间、不同文化间或者不同组织间，权力距离的差异普遍存在，它的高低差异导致文化特征的差异，也影响特定文化中成员的思维方式和行动。当权力距离不同时，共享领导与进谏行为之间的关系是否会发生变化?

在共享领导情境下，领导不再意味着至高无上的权力，而是一种基于能力和角色一起承担的责任，成员可以把全部注意力都放在工作上。但这只是理想化的情况，现实中个体、环境、组织支持等因素都会影响组织内部共享领导的推行程度。权力距离就是其中一个因素，作为测量个体文化价值观的重要变量之一，权力距离对员工的自我定位及行为方式有很大影响[61]。高权力距离的员工在相当大程度上有意识或无意识地接纳了权力差异，自觉让自己处于服从地位，低权力距离的员工则相反[53]。因此对于高权力距离导向的员工来讲，即使组织内部推行共享领导，组织成员也都默认这一方式，在他们看来，从传统领导方式转向共享领导也很困难。同时，在沟通时，高权力距离的员工会对交流对象的地位和权威比较在乎，他们更愿意采取沉默的方式听取领导的安排而不是说出自己的观点，会更多地维护领导的地位而不是向他们提出自己的不满[62]。即使是在共享领导情况下，高权力距离导向员工为了尽量减少和领导或其他成员的冲突而被动地接受他们的想法[63]。相反，低权力距离导向的员工能够很快融入共享领导的组织，这样的组织更有利于他们发挥自己的才能，也更符合他们做事的方式。低权力距离导向的员工在提出想法时，较少考虑组织层级的因素，对于他们来讲，组织的发展更为重要，上级不会因为自己的看法而不满。根据以上论述提出第二个假设：

假设2：权力距离对共享型领导与进谏行为之间的关系具有调节作用。

三、概念模型

共享型领导与传统领导方式相比，是通过改变组织中情境因素与个体和情景交互因素来影响组织中进谏行为的发生，而权力距离反映的是其中的个体因素。因此，我们推测在共享型领导对员工进谏行为的影响中，权力距离扮演调节因素的角色。基于权力距离的调节作用研究共享型领导对员工进谏行为的影响，理论概念模型如图3－4所示。

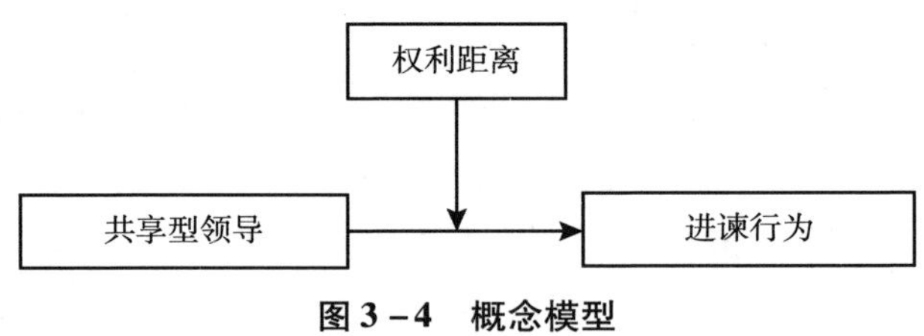

图3－4　概念模型

第五节　基于双中介作用的整体模型研究假设

一、共享型领导与员工进谏行为

（一）共享型领导与员工心理安全

认知理论的出现是由外部行为心理学研究向内在认知转化的探索过程。共享型领导与员工的心理安全就是外部行为与内在认知的关系。认知心理学派首次提出了行为主义研究的假设，托尔曼是认知心理学派的代表人物，他构建了“刺激—认知—反应”（S－O－R）模型，认为环境、个体和行为之间是相互关联和影响的。托尔曼认为只要满足一定的条件就会引起个体产生某些行为，但这需要经过一系列包括感知、推导在内的认知过程才可能实现，他提出的“S－O－R”模型也是本书理论框架的基础。班杜拉（1986）后来又提出社会认知理论，他的主要观点是，人的行为不是由人的动机、特质等因素所决定的，而是在个人与组织环境的相互作用之后产生的[124]。

社会交换理论指出，企业员工与组织的关系实质是一种交换关系，在这个过程中员工通过自己的劳动和对组织的忠诚来换取组织的报酬。这种交换关系像其他关系一样也是需要维系的，其中的关键就是两者之间的相互信任。在社会交换中，双方的心理感受对维系和激发交换关系具有重要的影响作用，当员工对组织的信任程度较高时，就会产生较为和谐的交换关系。从心理学的视角，员工对组织的信任程度反映了员工心理安全感的高低。领导在社会交换关系中扮演着重要角色，领导的管理风格和领导行为对员工的心理感受都会产生一定的影响。

共享型领导给员工提供一种没有等级差别的氛围和环境，能够让员工产生安全的心理认知，有更强烈的归属感。同时在没有等级差异的情况下，员工与组织之间会形成相对和谐的社会交往关系，从而增强员工对组织的信任，进而增强员工的心理安全感。研究表明，那些拥有高水平共享型领导的团队会更容易产生积极情感氛围，让员工更加自信地面对当前的环境，增强心理安全感[125]。

根据麦克利兰所提出的人的三种高层次需要，即可以在成就、权利和归属三个方面提升激励水平，以满足不同需要的员工，让员工增强对组织的归属感。通过共享型领导方式，能够让员工获得一定的权力，满足自身的权力需要，对其产生激励作用，从而能够让员工获得一定的归属感。组织中的人际关系也是影响员工归属感的重要因素，包括员工与上级管理者之间的关系、一般员工之间的关系。共享型领导中，团队成员之间是相互合作、知识共享的，无论是纵向的还是横向的关系都是比较和谐的，这样十分有利于员工实现自身价值，产生强烈的归属感，这也是员工心理安全的一种重要表现。因此，共享型领导对员工的心理安全具有正向的促进作用。综合上述分析提出假设：

假设1：共享型领导对员工心理安全有正向促进作用。

（二）员工心理安全与进谏行为

在认知理论中，班杜拉（2002）强调了个体因素的自我效能，他认为自我效能是个人对于自身完成某种特定组织任务的能力判断，也就是员工在进行某种活动前，会先对该活动的有效性和后果进行主观分析和判断，这种理性的估计将会对员工未来的行为产生影响[126]。个体的心理安全就是对自己的行为进行预先的评估，以确定不会产生严重的不良后果。经过有效性的判断，员工可以决定自己是否采取行动，当心理安全感高时，员工就可以大胆地采取进谏行为。根据马斯洛的需求层次论，人的需要有五种：生理、安全、归属、尊重、自我实现。自我实现是人的最高层次需求，它的产生必须要建立在前四者的基础之上，唯有低层次需求获得满足时，人才会有追求更高层次需求的欲望，才可以期望具有最充分、最旺盛的创造力，实现自己的远大理想和抱负。因此，当员工的安全需求得到满足时，才会产生更强烈的归属需求，员工对归属感的需求表现在对于企业决策的参与程度。

在组织和团队中，很多员工都不会自愿公开表达自己的观点，在整个讨论活动中往往处于被动的角色，更不会积极地建言献策，提出合理的建议和看法。从理论上讲，可以利用员工的心理安全认知理论来解释这种现象。尤其是在中国的文化背景和组织情境下，团队和谐和领导权威都是中国的传统文化，一旦在公共场合直接针对工作问题提出意见，就会被视为挑战领导权威，影响内部和谐。当员工所处的环境能够给其带来较高的心理安全感时，员工对于各种人际风险的担心就会大大减少，变得更加大胆和开放，以积极的态度看待进谏行为[127]。由此可见，心理安全感的高低程度会对员工表达观点的行为和动机产生影响[128]。

钟建安和段锦云（2005）等认为员工的进谏行为会对他们的人际关系造成不可预知的影响，而心理安全感能够给员工一种保证，让他们感受到来自组织的稳定性和确定性，他们的人际关系不会因为自己的行为受到负面影响。所以心理安全作为进谏行为的必要条件，当员工感知较弱时，多数情况下不会向组织作出进谏行为[129]。后又有学者通过研究证实自我效能对员工进谏行为的促进作用受到心理安全感的调节，对于心理安全感较高的员工，更容易产生进谏行为[130]。总之，根据上述分析，心理安全感能够直接对进谏行为产生影响[131]，由此提出假设：

假设2：心理安全对员工进谏行为有正向促进作用。

（三）共享型领导与员工内部人身份认知

内部人身份认知作为自我概念的一个重要维度，体现的是员工在组织氛围中的归属感。自我概念实际上是一种自我认知，它是基于个体的自身属性、组织环境感知和经验理解的基础上，形成的一种自我评价，包括个人对于自身能力、态度、情绪以及社会行动力等多方面的认知。员工想要确切分析自己在组织中所处的地位以及对自己作出合理评价，首先要依托良好的组织氛围。因此在一个值得信任的、和谐公平的组织氛围中，员工更容易获得自己在组织中接受程度的感知（肖克利、埃利斯、温诺格拉德，2000）[132]。郑晓涛等（2008）通过研究表明组织信任氛围能够显著影响员工的工作态度[133]，而工作态度属于员工的社会认知范畴，因此也验证了组织氛围与员工认知二者之间存在一定的影响关系。

已经有相关研究表明，组织的领导方式对员工内部人身份认知能够产生决定性作用（沙伯洛克，2017；尹俊，王辉，黄明鹏，2012）[134][31]，因此我们可以推断出共享型领导方式有利于个体与组织之间建立起近距离的心理联系，从而提升员工的内部人身份认知。在泰勒和林德（Tyler & Lind，1992）提出的权威关系模型中，个体在组织中会依据权威者即领导者与自己的相处模式，来判定自己在组织中的地位，即我们所说的内部人身份认知[135]。拉帕尔姆（Lapalme，2010）等也基于上述权威关系模型进一步指出，员工在判断自己在组织中处于何种地位时会将领导者的行为方式作为重要的考量因素[136]。

在权威型领导方式中，领导者是组织中权威的象征，一旦领导采取仁慈的施恩行为，会给员工一种暗示：该员工是组织的内部人，且属于领导者的“圈内人”，从而让员工认为自己在组织中处于较高的地位（斯坦珀，马斯特森，2002）[114]。在真实型领导方式中，由于真实型领导能够以身作则，通过自己的言行举止为员工树立榜样，使员工对上司和组织更加信服，从而形成较高水平的内部人身份认知，由此可见，员工对组织及上司的信任往往是其形成内部人身份认知的一个关键条件[137]。同样在共享型领导中，员工由于任务分工不同而获得一定的权力，在组织决策中有一定的参与权，也会给员工传递这样的信号，让员工认定自己的内部人身份，因此共享型领导对员工身份认知同样具有积极的推动作用。根据上述研究，提出假设：

假设3：共享型领导对员工内部人身份认知有正向促进作用。

（四）员工内部人身份认知与进谏行为

内部人身份认知是指员工对作为组织成员获得的个人空间和接收程度的知觉，即员工对其是否拥有组织内部成员身份的一种感知。尹俊等指出，员工的内部人身份认知与中国传统文化相关，当员工在组织情境中感知到自己是内部成员，就会提升主人翁意识，做出更多有利于组织发展的行为。员工的进谏行为属于这种行为，即通过提出建设性意见、构想等达到改善工作和组织环境的目的。

泰勒等在原来权威关系模型的基础上，又对其进行了修订，认为个体对于自身在组织中的地位认知会影响个体的工作态度和行为[138]。当个体越认同自己的内部人身份时，越能接受组织文化和组织目标，从而促使个体对组织产生积极情感（阿姆斯特朗、施洛瑟，2011；斯坦珀、马斯特森，2002）[139]。这种积极情感能够激励员工主动参与到组织活动中，对于组织的发展和决策产生更多思考和联想，从而为组织提供更多有价值、有创造性的意见和建议，有利于组织的可持续发展（伊森、达布曼、诺维茨基，1987）[140]。王雁飞等人的相关研究也曾证实，高水平的内部人身份认知有利于促进员工的创新行为（王雁飞、蔡如茵、林星驰，2014；范钧、梁号天，2017）[141][142]。由此可以推断，高水平的内部人身份认知对员工进谏行为也是有一定促进作用的。

通过自我认知理论分析可知，员工的行为与其认知情况是存在关联的，认知情况的差异会让员工在角色定位和行为表现上都有很大不同（蒂尔尼、法尔莫，2011；顾远东等，2014）[143]。那些真正把自己当做组织内部人的员工，他们会因为强烈的归属感和责任感，更加明确自己的位置和职责，作为企业内部成员，他们认为组织利益高于一切，会愿意为之付出（斯坦珀、马斯特森，2002）。

基于资源保存理论，内部人身份认知也属于一种心理资源，员工持有这种资源会主动投入组织工作中。同时员工会通过采取一定的行动来实现保存和积攒资源的目标。内部人身份认知较强的员工会拥有更多机会和发展空间，因此会努力促使资源呈现螺旋式增值，如采取进谏等有利于组织发展的行为。正是由于这种积极行为在组织运作和创新发展中的重要作用，采取这种行为的员工更加能够获得组织的信任和认可以及更高的评价，这又会激励员工为了获取这些资源而继续实施进谏行为。由此可知，内部人身份认知较强的员工为了获取资源更容易采取进谏行为，而相反内部人身份认知较弱的员工本身缺乏组织的认可和信任，与内部人身份认知较强的员工相比拥有较少的资源，为了保护这部分资源且不失去这些资源，他们更倾向于采取保守的沉默行为，即抑制或者减少进谏行为。由此提出以下假设：

假设4：内部人身份认知对员工进谏行为有正向促进作用。

（五）共享型领导与员工进谏行为

很多学者指出领导风格会影响员工的工作行为，员工们会对领导风格达成一种共识，进而形成一种组织氛围，作用于员工的工作态度和行为（李想等，2018）[144]。共享型领导通过让员工在组织内部进行分权，减少了成员之间因为等级关系而产生的顾虑，有利于员工及时表达自己的意愿和想法。陈文（2013）曾在他的硕士论文提出，激励水平能够对员工的组织归属感产生一定的影响[145]。对于权力需求较高的人，通过共享型领导方式，能够让员工通过获得一定权力而使自身欲望得到满足，对其产生激励作用并获得归属感，这会促使员工主动做出一些有助于组织发展的行为。

在共享型领导中，组织中的人际关系也是影响员工行为的重要因素，这里的人际关系主要包括两个层面，一是员工与上层管理者之间的关系，二是普通同事之间的关系。徐燕等（2011）认为，当员工在组织中被领导公平对待时，他们认为自己与上级的关系由原来的经济交换关系转变成为社会交换关系[18]。这种领导员工关系的结果就是，促进了员工的进谏行为。基于社会交换理论，企业领导者与员工之间是一种互动关系，如果员工对领导足够地认同和信任，进而认为领导与自己的立场相同，更容易减少员工沉默行为的发生，让员工和领导之间建立良好的互动关系，产生满意和稳定的感受，有利于更多进谏行为的出现。郑晓涛等人在研究时发现，在中国的社会背景下，当员工愿意信任领导，敢于将内心所想表达给领导时，员工很有可能不会再继续保持沉默，从而增加员工进谏的可能性。与西方国家相比，在中国企业中，领导的亲和力和信任感对员工的行为影响极大，甚至会左右员工的行为，这就是中西方文化的差异[146]。

员工在企业中会用自己的工作投入与企业进行交换，交换的内容包括物质和精神两方面，如果员工认为企业所给予的回报与自己的投入成正比，则会让员工产生一定的归属感，企业环境产生的归属感与员工主动进谏的行为就是一种回报与投入的关系。这关系到员工是否真正愿意为争取企业的最大利益付出自己的行动、承担相应的责任。在中国，人们更加关注的是未来的不确定性，一种和谐的工作环境更容易让员工有安全感和归属感，让员工认为用自己的付出能够换取组织的回报而不是风险。员工在企业工作过程中，员工会将企业的回报作为自己付出的一种评估，这种回报包括企业文化、工作环境、奖励制度以及领导认同程度等等，在共享型领导氛围下，能够给员工创造轻松的工作环境，让员工的谏言内容更易得到企业其他成员的认同，员工会将自己的期望与企业所能提供的这些外在资源进行比较，然后再判断自己是否应该采取进谏行为，因此员工的进谏行为是受领导者的领导风格所影响的。由此提出以下假设：

假设5：共享型领导对员工进谏行为有正向促进作用。

二、心理安全的中介作用

在企业中，心理安全是员工对于工作环境的感知和判断，它能够指导员工在组织环境中开展一定公开或者相互信任的活动。

在中国的文化背景下，企业员工对于未来工作的不确定性更为关注，如果员工判断自己的进谏行为可能会影响到组织群体的和谐和领导的权威性，甚至认为这是一种干扰组织环境和谐的行为，是缺乏心理安全感的表现，很难会愿意继续表达自己的意见和想法。领导行为等组织情境可能会通过对员工心理安全感知的影响，进而影响员工对工作的态度和行为。已经有学者证实员工会根据其所处的组织情境来判断提出自己的观点是否安全（埃德蒙森，1995）[58]，因此领导者可以通过采取一定方式提高员工的心理安全感知进而鼓励员工表达观点的主动行为。而心理安全感知主要受到领导风格、人际关系的影响，心理安全度低的人在自身利益未受到威胁的情况下，为了维持当前的人际关系，通常会通过选择沉默进行自我保护（张红丽等，2015）[147]，可以通过改变领导风格，如采用共享型领导风格使员工的心理感知产生一定变化进而影响员工的行为。

根据认知理论的“刺激—认知—反应”模型，个体的行为是通过环境作用于个体认知从而受到影响的。共享型领导氛围作为一种组织氛围和企业环境，能够通过对员工心理进行刺激让其产生安全的心理认知，从而做出一定的反应。在共享型领导环境下，鼓励员工拥有更多的自主权利和控制权，员工也更容易得到其他成员的帮助，有利于组织内部形成良好的关系，员工的心理安全感会得到提升，在此过程中自然地激发了员工的主动行为，因此提出假设：

假设6：心理安全在共享型领导与员工进谏行为之间起中介作用。

三、内部人身份认知的中介作用

内部人身份认知与心理安全相似，同样在共享型领导影响员工进谏行为的过程中起到一定的中介作用。内部人身份认知是指当个体处于组织内部环境时，对于自身获得其他组织成员接受程度以及身份地位、个人空间的一种认知，即前文提到的个人对于自己作为组织“内部人”程度的一种感知和判断（斯坦珀、马斯特森，2002）[114]，它反映的是个体的自我概念与动机状态，对员工后续所进行的创新行为具有重要影响作用（李秀杰，2017）[148]。

在艾格特等的研究中，认为真实型领导能够提升员工对组织的信任感以及积极情感，这些积极情感能够影响员工的行为和认知[51]。同样，内部人身份认知也有助于促进员工表达意愿，但是员工在组织中也不会轻易提出意见，是因为怕自身行为产生一定风险，如发生人际冲突、降职降薪等。因此，只有当员工感知到风险不存在或风险较小的情况下，才会大胆提出自己的意见。而当员工认同自己的内部人身份时，才会产生较强的信任感，把自己当做组织中的一员，认为自己不会因为提出建言而承担过多的风险，从而促进员工采取进谏行为。同时，当员工把自己当做“内部人”时，会主动从组织的利益出发来思考问题，当他们发现组织中有需要改进的问题或不合理的地方，会积极提出更好的解决方法。

学界对于角色认同已经有了一些较为深入的探索，本书希望可以从角色认同的角度，探讨内部人身份认知是如何在领导方式影响员工进谏行为的过程中起到传导作用的，弥补以往研究中存在的不足。在角色认同理论中，将“个体”作为基本元素进行研究，“个体”在不同的组织环境或社会团体中会被赋予意义不同的角色，这些特殊意义即为“个体”自我概念的一种重要来源[149]。依据上述理论，个体要对自己在他人面前的表现进行评估和判断，同时需要了解自身在社会和组织中的意义——这些意义来源于个体在特定环境下扮演的角色[150]，由此能够对个体行为有更好的指导作用。在心理学中，个体的特定行为和活动依赖于对特殊身份或角色的认知和判断[151]，员工在组织中之所以有不同的行为和表现，是因为他们对于自己身份认知的不同（卡莱罗，1987）[152]。同样，员工也会随着对自己角色认知的改变，来调整自己的行为。也就是说，当个体越明确自己的身份时，对于与其身份相匹配的任务的完成度和质量越高，当员工感知到自己在组织中的地位后，会认知和评估自己当前所处的高度和应当完成的事情，这会对员工形成一种暗示和期望，转化为内心的责任感和对角色的认同，从而指导员工的行为[153]。

基于以上论述，可以发现内部人身份认知可能是连接领导方式与员工行为的桥梁。根据自我归类理论，共享型领导所传递的共同参与管理、组织成员相互影响、非正式领导者的特点，以及团队同时进行的、持续的、相互影响的过程，会让员工感受到组织中公平、信任、积极的氛围，并且根据这些信号和心理认知进行自我归类。在此领导方式之下，员工很容易把自己归为组织的“内部人”，因而认为对组织作出共享也是理所应当的，因此会产生一系列有利于组织的积极行为，如进谏行为等。由此提出假设：

假设 7：内部人身份认知在共享型领导与员工进谏行为之间起中介作用。

四、权力距离的调节作用

卡普兰（Kaplan）在 2014 年提出的领导情绪管理模型中，详细介绍了八种维度的领导行为对于员工心境的影响，同时也指出，这个模型会受到一些边界条件的影响，如员工特征等。在前文的理论分析中可以知道，共享型领导会对员工心理产生一些积极影响，但是共享型领导与员工心理安全、内部人身份认知之间的关系可能也会受到员工自身价值观和对领导下属关系认知的影响。

在本书中，将权力距离视为一种人格特质，是指对于社会组织中不平等现象组织的接受程度，反映了社会成员的价值观，在领导方式对员工行为影响过程中，能够起到重要的调节作用。对于高权力距离的个体，权力将会成为社会成员交往的基础，两个强弱群体之间很难相互信任并进行平等的沟通和交流；而对于低权力距离的个体，社会成员认为彼此之间的权力是对等的，等级不同只是代表任务分工不同，等级差距不会让社会成员产生过多的距离感，彼此之间容易建立起相互信任的关系（王端旭，李溪，2015）[154]。特里亚迪斯（Triandis，1996）发现，领导行使权力时与员工对权力的认知是保持一致的，在低权力距离认知下，如果采用家长式领导或威权式领导，员工会有强烈的不公平感，从内心抗拒领导行为；在高权力距离认知下，如果领导采取授权型领导或共享型领导，员工对于这种权力下放将会难以适应[155]。霍夫斯坦德（2005）在研究中发现，拥有高权力认知的员工认为组织中的等级差异是合理存在的，并且是能够接受这种差异的，他们对于拥有权力的人心存敬畏，如上级或管理者[156]。这一类人认为对上级提出质疑或者反对意见是不尊重或者不恰当的行为，同样他们也不会与级别较高的人交流或者寻求信息，因此，高权力距离的员工会与领导保持适当距离，彼此之间缺乏有效沟通。而低权力距离的员工则与之相反，他们认为领导对员工是开放、包容的态度，员工与领导之间是平等的关系，而不会向权威屈服，因此更倾向于与领导进行互动交流，参与组织决策。综上所述，员工权力距离高低不同，对共享型领导的接受程度不同，即共享型领导的有效性会受到影响。

因此，在本书中我们认为权力距离会调节共享型领导与员工内部人身份认知之间的关系，员工的权力距离感越低，共享型领导与员工内部人身份认知之间的关系就越强。共享型领导具有非正式性、开放性的特征。非正式性意味着团队中没有绝对权威的领导，权力是根据工作任务进行分配的，这种非正式性让每一个成员都有机会获得权力并参与决策，提升员工的参与感和归属感；开放性意味着员工能够有渠道与领导进行平等的交流，员工可以大胆谏言，向领导者提出自己的想法，领导者也会与员工讨论决策，从而实现两者之间的有效沟通和信息交换。共享型领导鼓励员工参与决策，拉近领导与员工的距离，这一过程正好符合低权力距离员工的价值观。低权力距离的员工并不认为自己的身份与领导者之间存在差异，更愿意把自己看作与领导者一样的“内部人”，并且以这一身份参与组织的决策，与自己的“同类”进行平等的沟通和交流（布朗等，2005）[157]，因此此类员工的内部人身份认知更容易受到共享型领导的影响。相反的是，当员工权力距离较高时，会认为在组织层级下，自己和领导有较远的距离，不是“一类人”，自身是“外部人”身份，两者有本质上的区别，因此不愿意与领导者进行互动交流。他们与领导刻意保持距离不利于员工在共享型领导环境下内部人身份认知的转变，因此他们的内部人身份认知就会较少受到共享型领导的影响。

同时，在本书中我们认为权力距离会调节共享型领导和员工心理安全感之间的关系，即员工的权力距离感越低，共享型领导和员工心理安全感之间的关系就越强。前文提到低权力距离的员工更倾向于与领导进行互动交流，那么在共享型领导环境下，员工的心理安全感会在这种互动中得到加强，相反对于高权力距离的员工，会与组织中的领导保持距离而缺乏必要的沟通，不利于员工在该环境下形成心理安全感，因此削弱了共享型领导与员工心理安全之间的关系。

据此，提出如下假设：

假设8：权力距离在共享型领导影响心理安全的路径中起负向调节作用。

假设9：权力距离在共享型领导影响内部人身份认知的路径中起负向调节作用。

五、整体理论模型

通过对以往文献和理论的梳理和归纳，并且基于共享型领导对员工进谏行为的理论分析，提出以下假设，如表3-1所示。

表3-1　研究假设汇总表

假设序号	假设内容
假设1	共享型领导对员工心理安全有正向促进作用
假设2	心理安全对员工进谏行为有正向促进作用
假设3	共享型领导对员工内部人身份认知有正向促进作用
假设4	内部人身份认知对员工进谏行为有正向促进作用
假设5	共享型领导对员工进谏行为有正向促进作用
假设6	心理安全在共享型领导与员工进谏行为之间起中介作用
假设7	内部人身份认知在共享型领导与员工进谏行为之间起中介作用
假设8	权力距离在共享型领导影响心理安全的路径中起负向调节作用
假设9	权力距离在共享型领导影响内部人身份认知的路径中起负向调节作用

按照上述理论分析的思路，提出研究建设，并构建理论模型图，具体如图3-5所示。

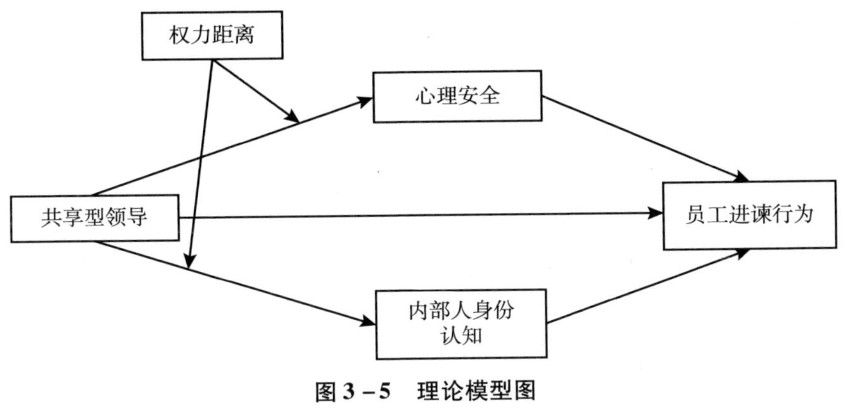

图3-5 理论模型图

第六节 本章小结

本章在第二章概念界定的基础上，进行了相关理论分析，提出了关于共享型领导对员工进谏行为影响路径的几种理论模型与研究假设。从共享型领导对员工心理安全、内部人身份认知的影响，心理安全、内部人身份认知对员工进谏行为的影响，共享型领导对员工进谏行为的影响，心理安全、内部人身份认知在共享型领导对员工进谏行为影响的中介作用以及权力距离的调节作用等几方面做出假设。

第四章

共享型领导对员工进谏行为影响的研究设计

第一节 变量测量

本书采用的调查问卷是在借鉴其他学者量表的基础上进行修改而来的。在发放大量问卷前为保证量表的可读性和科学性，首先对其进行预发放。在研究中将一些可能会干扰员工行为的人口统计学变量设置为控制变量，如员工性别、年龄、学历、工作年限等。问卷内容总共有六个模块：个人基本信息、共享型领导量表、权力距离量表、心理安全量表、内部人身份认知量表和进谏行为量表（问卷详细内容见附录）。本书共包括50个观测变量，它们分别指向1个自变量和2个潜在变量，采用Likert七级量表进行记分，所有变量均正向记分，被访问者可以根据实际情况，对题目给出具体分数。

一、共享型领导的测量

在前人提出的共享领导二维结构模型和五维结构模型的基础上，我国学者刘博逸（2009）根据他所划分的共享型领导的四个维度，制定出了相应的量表，共设置20个题项。赵鹏娟（2011）也通过实证研究证明了刘博逸（2009）开发的量表具有良好的信度和效度，能够真实有效的对共享型领导进行实际测量[158]。本书主要采用了刘博逸开发的问卷，具体测量量表如表4－1所示。

表4－1　　共享型领导的测量题项

序号	测量题项
X_1	我们工作组织经常通过集体研讨来提高团队智力。
X_2	我们工作组织的成员能自觉学习新的知识和技能。
X_3	我们工作组织的成员经常训练各自的专长。
X_4	我们工作组织的成员把工作过程当作学习过程。
X_5	我们工作组织的成员学习在问题中发现机会。
X_6	我们工作组织的成员视领导为同事。
X_7	我们工作组织的成员和领导者能分享权力。
X_8	我们工作组织的成员和领导者会共担领导责任。
X_9	我们工作组织的成员在团队里有施展领导才能的平台。
X_{10}	在不同的情形下，我们工作组织的领导职能由不同的成员履行。
X_{11}	我们工作组织的成员希望我按照绩效标准严格要求自己的工作。
X_{12}	我们工作组织的成员希望我工作讲效率。
X_{13}	我们工作组织的成员希望我不断寻找新办法来提高工作业绩。
X_{14}	我们工作组织的成员希望我有超水平的工作表现。
X_{15}	我们工作组织的成员希望我工作讲质量。
X_{16}	我们工作组织的成员有合作意识和合作精神。
X_{17}	我们工作组织的成员在工作中善于同他人合作。
X_{18}	我们工作组织的成员相互信任，合作默契。
X_{19}	我们工作组织的成员既有明确分工又有相互合作。
X_{20}	我们工作组织的成员积极消除相互之间的冲突以利于团队协作。

二、心理安全的测量

埃德蒙森（1999）基于团队心理安全是单维度的概念，建立了7个条目的Likert7分团队心理安全测量量表[58]。该量表后来得到诸多学者的肯定，并多次被直接引用或作为修订基础运用于其他变量的测量。布朗等（1996）后又开发了关于心理安全氛围的三维度量表[105]。本书借鉴浙江大学孟磊的心理安全量表，他所研究的心理安全是指员工在组织层面所感受到的，根据研究目的，综合德雷特、伯里斯（2007）[56]和梁健、樊景立（2008）[62]的研究来设计个体心理安全感测量量表，其概念和测量均借鉴埃德蒙森（1999）提出的团队层面的心理安全。具体测量量表如表4-2所示。

表4-2　心理安全的测量题项

序号	测量题项
Y_1	假如我在工作中犯了错误，往往不会被别人指责。
Y_2	员工能够在组织中提出棘手的问题。
Y_3	组织成员经常能够容忍别人的不同。
Y_4	为组织承担风险是安全的。
Y_5	组织中不会有人故意破坏我的工作努力。
Y_6	在组织中让别人帮助是容易的。
Y_7	与组织成员一起工作，我的特长会得到重视和发挥。

三、内部人身份认知的测量

我们使用了斯坦珀和马斯特森（2002）开发的内部人身份认知英文量表翻译版，共有6个条目。陈振雄和萨穆埃尔（2007）曾经在研究中使用了其中文版本。其中包含“我的工作组织让我相信我是其中一员”“我觉得在这个工作组织中我是个局内人”等题目。量表的

Cronbach's α 系数为 0.853，具有良好的可靠性。具体测量量表如表 4 -3 所示。

表 4 -3　内部人身份认知的测量题项

序号	测量题项
W_1	我强烈地感觉到我是该工作组织的一分子。
W_2	我的工作组织让我相信我是其中一员。
W_3	我觉得自己好像不是这个组织的局外人。
W_4	我感觉与组织相处融洽。
W_5	我觉得在这个工作组织中我是个局内人。
W_6	我的工作组织经常让我没有感觉被忽略。

四、进谏行为的测量

目前关于进谏行为的研究一般都采用勒平等在 1998 年开发的问卷，问卷使用 Likert 的 7 分量表进行记分，共包含 6 个题目，由该员工的同事或者主管领导进行评估，虽然问卷在信效度方面都通过了检验，但是刘武等（2009）认为他们开发的量表将进谏行为看作单维度变量，不能够全面地对进谏行为进行测量，进而对量表进行了修正，按照他对进谏行为所划分的维度——面向上级领导的进谏和面向同级同事的进谏，设计出二维进谏量表[159]，梁健和樊景立（2008）根据自己所提出的促进性和抑制性二维结构，也编制了适应中国情境的进谏行为量表，量表中包含 5 个促进性进谏行为题目和 6 个抑制性进谏行为题目[62]。他们的量表在国内的大量研究中都通过了信效度检验，这为国内企业环境下进谏行为的有效测量提供了重要途径，也在一定程度上推动了员工行为方面的相关研究。所以笔者在研究时也采用梁健（2008）所编制的二维测量量表，具体测量量表如表 4 -4 所示。

表 4 – 4　进谏行为的测量题项

序号	测量题项
Z_1	当单位内的工作出问题时，我敢于指出，不怕得罪人。
Z_2	就可能会造成单位损失的严重问题，我实话实说，即使其他人有不同意见。
Z_3	我敢于挑战单位中那些过时的、有碍效率的规章制度。
Z_4	我积极向单位领导反映工作中出现的不协调问题。
Z_5	我敢于对单位中影响工作效率的现象发表意见，不怕使人难堪。
Z_6	我及时劝阻单位内其他员工影响工作效率的不良行为。
Z_7	我积极地提出了会使单位受益的新方案。
Z_8	我就改善单位工作程序积极地提出新方案。
Z_9	我就改善单位工作程序积极地提出建议。
Z_{10}	我提出了可以改善单位运作的建设性意见。
Z_{11}	就单位中可能出现的问题，我会思考并提出自己的建议。

五、权力距离的测量

权力距离的量表采用多夫曼和豪厄尔（1988）开发的单维度六道题项问卷，包括："管理者应避免和员工发生工作以外的接触""管理者不应该安排重要的任务给员工们"等。这一量表在可靠性分析中的系数在 0.80 以上，具有很强的可靠性。具体测量量表如表 4 – 5 所示。

表 4 – 5　权力距离的测量题项

序号	测量题项
P_1	管理者的绝大多数决策不需要咨询下属。
P_2	对待下属时，管理者常常有必要使用权威和权力。
P_3	管理者应较少的征求员工们的看法。
P_4	管理者应避免和员工发生工作以外的接触。
P_5	员工应该同意管理层做出的决策。
P_6	管理者不应该安排重要的任务给员工们。

六、控制变量的选取

控制变量主要包括性别、年龄、学历和工作时间等。第一，性别，如果为男性，则赋值为1，否则为2。第二，年龄，共划分为6个区间。第三，学历，分为高中/中专及以下、大专、本科、硕士、博士。第四，工作时间，指员工在当前单位工作的年限，主要包括5年以下、5~10年、11~15年、15年以上等。

第二节 共同方法偏差检验

将数据随机分成两半（N=129），对所涉及的研究变量做探索性因素分析和验证性因素分析，检验本研究是否存在共同方法偏差。探索性因素分析结果表明，取向适当性KMO=0.922，巴特利特球形检验值为4339.297，$p<0.001$，四因素独立分布，也没有一个公共因子可以解释大部分变异。另一半数据用AMOS23.0进行验证性因素分析，结果表明，以原始变量组成的三维模型拟合效果最好（CFI=0.910、IFI=0.911、RESEA=0.058、RMR=0.045，$\chi^2/df=1.431$，$p<0.001$）。上述结果表明不存在共同方法偏差。

第三节 样本描述性统计分析

本书借助调查问卷来获取数据，主要通过纸质问卷发放、电子邮件发放和电话调研等方式，调研范围包括我国大部分沿海地区、东北三省等地区。其中，部分纸质问卷是通过哈尔滨工程大学EMBA、MBA和MPA的在读研究生获取数据，电话调研则主要针对已经毕业的EMBA、MBA和MPA学员。问卷调查采用的是抽样调查法，将得到的有效数据应用于后续的实证研究和分析。样本来源主要针对中小型企业员工，总共发出问卷300份，回收279份，通过仔细筛选和分析后，有21份不完整和不符合抽样条件的问卷被剔除，最终得到258份有效问卷（有效率为86%），回收结果见表4-6。其中，男性员工143人（55.43%），女性员工115人（44.57%）；年龄分布在21~60岁之间，84.5%的员工年龄在26~40岁之间；本科学历及以上的员工（226人，87.59%）占大多数；被访者的工作时间都在15年以下，一半以上的员工（133人，51.55%）在5~10年之间。样本企业的具体频率分布见表4-7。

表4-6　问卷回收情况统计表

发放和回收方式	发出量（份）	回收量（份）	回收率（%）	有效量（份）	有效率（%）
总计	300	279	93	258	86

表4-7　样本的频率分布

项目		频率	百分比	有效百分比	累计百分比
性别	男	143	55.43	55.43	55.43
	女	115	44.57	44.57	100
	合计	258	100	100	
年龄	20岁以下	0	0	0	0
	21~25岁	21	8.14	8.14	8.14
	26~30岁	80	31.01	31.01	39.15
	31~35岁	110	42.64	42.64	81.79
	36~40岁	28	10.85	10.85	92.64
	41岁及以上	19	7.36	7.36	100
	合计	258	100	100	

续表

项目		频率	百分比	有效百分比	累计百分比
学历	高中/中专及以下	6	2.33	2.33	2.33
	大专	26	10.08	10.08	12.41
	本科	192	74.42	74.42	86.83
	硕士	24	9.3	9.3	96.13
	博士	10	3.87	3.87	100
	合计	258	100	100	
在当前单位工作时间	5 年以下	51	19.77	19.77	19.77
	5 ~ 10 年	133	51.55	51.55	71.32
	11 ~ 15 年	55	21.32	21.32	92.64
	15 年以上	19	7.36	7.36	100
	合计	258	100	100	

表4－8 列出了本书所有变量的描述性统计结果和变量之间的相关关系情况。观察控制变量，员工的性别与内部人身份认知成正相关，也就是说女性员工的内部人身份认知更强；学历与员工的心理安全成正相关，即学历越高，员工的心理安全感越高；学历与员工的进谏行为成正相关，即员工的学历越高，员工越容易进谏；员工的工作时长与心理安全成正相关，即员工的工作时间越长，员工的心理安全感越高；员工的工作时长与进谏行为成正相关，即员工的工作时间越长，员工实施进谏行为的可能性就越大。从主要变量来看，共享型领导与员工的心理安全成正相关，与假设 1 相一致；员工的心理安全与进谏行为成正相关，与假设 2 相一致；共享型领导与员工的内部人身份认知成正相关，与假设 3 相一致；员工的内部人身份认知与进谏行为成正相关，与假设 4 相一致；共享型领导与员工进谏行为成正相关，与假设 5 相一致。

表 4 -8　描述性统计与相关系数矩阵

变量	1	2	3	4	5	6	7	8	9
均值	1. 446	3. 783	2. 984	2. 163	5. 703	2. 069	5. 551	5. 713	5. 647
方差	0. 248	0. 996	0. 327	0. 682	0. 530	0. 508	0. 498	0. 575	0. 550
1. 性别	1. 000								
2. 年龄	-0. 071	1. 000							
3. 学历	0. 052	-0. 095	1. 000						
4. 工作时长	-0. 092	0. 709 ***	-0. 011	1. 000					
5. 共享型领导	0. 085	-0. 015	0. 102	0. 061	1. 000				
6. 权力距离	-0. 012	0. 050	-0. 044	0. 046	0. 015	1. 000			
7. 心理安全	0. 027	0. 008	0. 141 *	0. 108 *	0. 868 ***	0. 037	1. 000		
8. 内部人身份认知	0. 126 *	-0. 009	0. 048	0. 041	0. 674 ***	0. 023	0. 659	1. 000	
9. 进谏行为	0. 053	0. 020	0. 118 *	0. 120 *	0. 894 ***	0. 034	0. 875 ***	0. 705 ***	1. 000
Cronbach' α					0. 958	0. 823	0. 878	0. 853	0. 933

注：* 表示在 10% 水平下显著，** 表示在 5% 水平下显著，*** 表示在 1% 水平下显著。

第四节　相关分析

通过采用线性回归模型来评价模型是否存在多重共线性，如表4－9所示，容差都在0.2以上，方差膨胀因子（VIF）最大值为4.391，小于5，说明模型不存在严重的多重共线性问题。

表4－9　　回归系数表

模型		非标准化系数		标准化系数	t	Sig.	共线性诊断	
		B	Std. Error	Beta			Tolerance	VIF
1	(Constant)	(0.000)	0.031		(0.000)	1.000		
	共享型领导	0.868	0.031	0.868	27.958	0.000	1.000	1.000
	权力距离	0.024	0.031	0.024	0.774	0.440	1.000	1.000
	a. Dependent Variable：心理安全							
2	(Constant)	0.000	0.046		0.000	1.000		
	共享型领导	0.674	0.046	0.674	14.561	0.000	1.000	1.000
	权力距离	0.013	0.046	0.013	0.273	0.785	1.000	1.000
	a. Dependent Variable：内部人身份认知							
3	(Constant)	0.000	0.024		0.000	1.000		
	共享型领导	0.487	0.051	0.487	9.520	0.000	0.228	4.391
	权力距离	0.011	0.024	0.011	0.435	0.664	0.997	1.003
	心理安全	0.360	0.050	0.360	7.150	0.000	0.236	4.244
	内部人身份认知	0.139	0.034	0.139	4.126	0.000	0.524	1.910
	a. Dependent Variable：进谏行为							

第五节 问卷信度及效度检验

一、信度检验

问卷信度主要检验的是准确程度，通过得到的分析结果可以判定研究过程中所使用的量表是否能够对潜在变量做出精确的解释，包括问卷是否具有一致性，即参与调查的受访者无论在任何情况下都应该对问卷做出相同或者类似的答案，而不会因为时间或者地点的变化而影响到答题结果。另外，信度检验还将对问卷的稳定性做出说明，一份合理的问卷，其结果应该是可靠可预见的，而不会让随机误差影响到整个测试结果。也就是说好的问卷无论在什么情况下经过多次重复调查都应该保持前后结果一致，不会受到其他随机因素的影响而导致结果发生改变。本书内容采用 Cronbach's alpha 系数测量问卷的信度，该系数的大小表示问卷信度的高低。一般情况下，Cronbach's alpha 系数的数值大于 0 小于 1，当该系数大于 0.7 时，认为问卷中所涉及的测量题项能够保持前后一致性且问卷具有一定的稳定性，由此可以判定问卷通过信度检测；如果该系数小于 0.7，说明问卷的一致性和稳定性较差，则未通过信度检验。本书运用 SPSS23.0 软件对问卷的信度进行检验，经过计算得到的 Cronbach's alpha 系数如表 4－10 至表 4－14 所示。

表 4－10　　共享型领导测量量表信度分析

变量	测量指标	Cronbach's alpha
共享型领导	X_1	0.958
	X_2	

续表

变量	测量指标	Cronbach's alpha
共享型领导	X_3	0.958
	X_4	
	X_5	
	X_6	
	X_7	
	X_8	
	X_9	
	X_{10}	
	X_{11}	
	X_{12}	
	X_{13}	
	X_{14}	
	X_{15}	
	X_{16}	
	X_{17}	
	X_{18}	
	X_{19}	
	X_{20}	

表 4-11 权力距离测量量表信度分析

变量	测量指标	Cronbach's alpha
权力距离	P_1	0.823
	P_2	
	P_3	
	P_4	
	P_5	
	P_6	

表 4-12　　心理安全测量量表信度分析

变量	测量指标	Cronbach's alpha
心理安全	Y_1	0.878
	Y_2	
	Y_3	
	Y_4	
	Y_5	
	Y_6	
	Y_7	

表 4-13　　内部人身份认知测量量表信度分析

变量	测量指标	Cronbach's alpha
内部人身份认知	W_1	0.853
	W_2	
	W_3	
	W_4	
	W_5	
	W_6	

表 4-14　　进谏行为测量量表信度分析

变量	测量指标	Cronbach's alpha
进谏行为	Z_1	0.933
	Z_2	
	Z_3	
	Z_4	
	Z_5	
	Z_6	
	Z_7	
	Z_8	
	Z_9	
	Z_{10}	
	Z_{11}	

对共享型领导量表进行信度分析，由表 4 - 10 的内容可以知道，Cronbach's alpha 系数值为 0. 958，表明量表各题项之间的内部一致性较好，量表的信度很高，符合检验的标准。

对权力距离量表进行信度分析，根据表 4 - 11 的内容可以知道，Cronbach's alpha 系数值为 0. 823，表明量表各题项之间的内部一致性较好，量表的信度很高，符合检验的标准。

对心理安全量表进行信度分析，根据表 4 - 12 的内容可以看出，Cronbach's alpha 系数值为 0. 878，表明量表各题项之间的内部一致性较好，量表的信度很高，符合检验的标准。

对内部人身份认知量表进行信度分析，根据表 4 - 13 的内容可以看出，Cronbach's alpha 系数值为 0. 853，表明量表各题项之间的内部一致性较好，量表的信度很高，符合检验的标准。

对进谏行为量表进行信度分析，根据表 4 - 14 的内容可以看出，Cronbach's alpha 系数值为 0. 933，表明量表各题项之间的内部一致性较好，量表的信度很高，符合检验的标准。

二、效度检验

（一）探索性因子分析

效度是指问卷中测量题目的针对性和有效性，效度检验主要是为了验证问卷的题目能够直观有效地对潜在变量进行解释和说明，即测量内容对研究者而言是否有效。效度与信度相似，也具有两个方面的意义：第一是检验测量题项是否与调查目的相一致；第二是对问卷题目的真实性和准确率做出评判。调查问卷的效度将直接影响我们调研结果的准确性和真实性，因此在每一份问卷进行正式发放前都需要经过效度检验，当问卷的效度越高时，也就代表问卷的真实性越高，越有利于我们达到本次调查研究的目的，对我们的最终研究结果也会有较强的说服力。这样的问卷才是最正确、最有效的。同时，调查问卷的效度还反映了我们在研究过程中对系统误差的控制程度，当效度水平越高时，说明误差控制越好。

常用的效度指标包括内容和结构两种。内容效度是指测量题项与测量目的的吻合性，检验问卷内容是否能够很好地反映和代表潜在变量的特性，并且所得的结果能够达到我们预期希望的反映水平，在实际研究中，一般根据问卷中问题的分布合理性来对内容效度进行判定，这是逻辑分析的一种。本书在阅读和总结其他学者文献的基础上，借鉴了别人的量化指标，又通过小组讨论并结合多位专家老师的意见和建议，形成了最后所使用的量表，由此可以判断问卷的内容效度良好。结构效度是要通过调查问卷得到的分数对问卷本身想要解释的内容的解释程度来进行评判，在问卷分析过程中，如果发现被调查者所得到的分数能够对他的某一特点进行很好地解释，则说明问卷的结构效度良好。本书借助SPSS23.0软件中的分析功能，计算各指标在正交旋转后得到的因子负荷，当因子负荷大于0.5时，则说明通过效度检验。

通过表4－15至表4－20可知，本书所涉及的共享型领导量表的KMO值为0.971，权力距离量表的KMO值为0.857，心理安全量表的KMO值为0.898，内部人身份认知量表的KMO值为0.880，进谏行为量表的KMO值为0.950，均大于0.7。巴特利特球形检验显著，说明适合进行因子分析，通过正交旋转得到的50个观测指标的因子负荷值均大于0.5，累积方差贡献度大于50%，通过上述验证，该书量表中的观测指标能够很好的测量文中涉及的五个潜变量，结构效度较好。

表4－15　　KMO和Bartlett球形度检验

变量	KMO值	Bartlett的球形度检验		
		近似卡方	df	Sig.
共享型领导	0.971	3309.551	190	0.000
权力距离	0.857	463.267	15	0.000
心理安全	0.898	774.38	21	0.000
内部人身份认知	0.880	593.251	15	0.000
进谏行为	0.950	1719.74	55	0.000

表 4-16 共享型领导量表的因子分析

变量	题项	因子 1	因子 2	因子 3	因子 4
共享型领导	X_1	0.722	—	—	—
	X_2	0.759	—	—	—
	X_3	0.762	—	—	—
	X_4	0.731	—	—	—
	X_5	0.766	—	—	—
	X_6	—	0.751	—	—
	X_7	—	0.714	—	—
	X_8	—	0.720	—	—
	X_9	—	0.756	—	—
	X_{10}	—	0.712	—	—
	X_{11}	—	—	0.703	—
	X_{12}	—	—	0.738	—
	X_{13}	—	—	0.755	—
	X_{14}	—	—	0.726	—
	X_{15}	—	—	0.718	—
	X_{16}	—	—	—	0.806
	X_{17}	—	—	—	0.760
	X_{18}	—	—	—	0.749
	X_{19}	—	—	—	0.743
	X_{20}	—	—	—	0.806
总方差解释率（%）	—	55.543			

表 4-17 权力距离量表的因子分析

变量	题项	因子 1
权力距离	P_1	0.742
	P_2	0.753
	P_3	0.786
	P_4	0.681
	P_5	0.693
	P_6	0.711
总方差解释率（%）	53.101	

表 4-18　心理安全量表的因子分析

变量	题项	因子 1
心理安全	Y_1	0.667
	Y_2	0.755
	Y_3	0.749
	Y_4	0.769
	Y_5	0.778
	Y_6	0.814
	Y_7	0.783
总方差解释率（%）	57.823	

表 4-19　内部人身份认知量表的因子分析

变量	题项	因子 1
内部人身份认知	W_1	0.785
	W_2	0.778
	W_3	0.657
	W_4	0.784
	W_5	0.754
	W_6	0.813
总方差解释率（%）	58.291	

表 4-20　进谏行为量表的因子分析

变量	题项	因子 1	因子 2
进谏行为	Z_1	—	0.724
	Z_2	—	0.713
	Z_3	—	0.754
	Z_4	—	0.823
	Z_5	—	0.776
	Z_6	—	0.768
	Z_7	0.767	—
	Z_8	0.807	—
	Z_9	0.760	—
	Z_{10}	0.782	—
	Z_{11}	0.835	—
总方差解释率（%）	—	59.961	

（二）验证性因子分析

经过对共享型领导的信度检验，对其进行验证性因子分析，该模型的拟合适配指标分别为：$\chi^2/df = 1.747$，小于 3，CFI = 0.961，IFI = 0.961，TLI = 0.956，各拟合指标都大于 0.9，RMR = 0.035，RMSEA = 0.054，小于 0.08，表明各指标具有良好的拟合效果，各拟合指标如表 4－21，图 4－1 为共享型领导的参数模型。

表 4－21　　共享型领导 CFA 指数统计

指标	CMIN/DF	RMSEA	RMR	CFI	IFI	TLI
数值	1.747	0.054	0.035	0.961	0.961	0.956

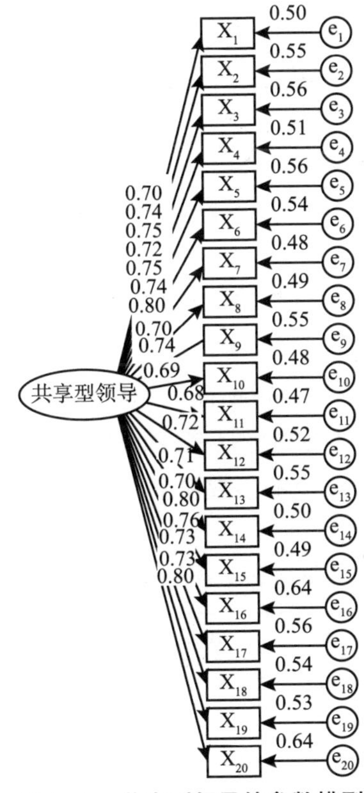

图 4－1　共享型领导的参数模型

经过对权力距离的信度检验，对其进行验证性因子分析，该模型的拟合适配指标分别为：$\chi^2/df = 2.218$，小于 3，CFI = 0.976，IFI = 0.976，TLI = 0.960，各拟合指标都大于 0.9，RMR = 0.033，RMSEA = 0.069，小于 0.08，表明各指标具有良好的拟合效果，各拟合指标见表 4 - 22，图 4 - 2 为权力距离的参数模型。

表 4 - 22　　权力距离 CFA 指数统计

指标	CMIN/DF	RMSEA	RMR	CFI	IFI	TLI
数值	2.218	0.069	0.033	0.976	0.976	0.960

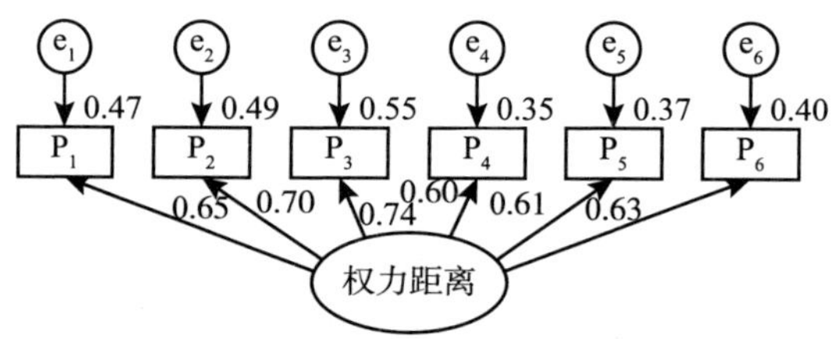

图 4 - 2　权力距离的参数模型

经过对心理安全的信度检验，对其进行验证性因子分析，该模型的拟合适配指标分别为：$\chi^2/df = 2.541$，小于 3，CFI = 0.972，IFI = 0.972，TLI = 0.958，各拟合指标都大于 0.9，RMR = 0.029，RMSEA = 0.077，小于 0.08，表明各指标具有良好的拟合效果，各拟合指标见表 4 - 23，图 4 - 3 为心理安全的参数模型。

表 4 - 23　　心理安全 CFA 指数统计

指标	CMIN/DF	RMSEA	RMR	CFI	IFI	TLI
数值	2.541	0.077	0.029	0.972	0.972	0.958

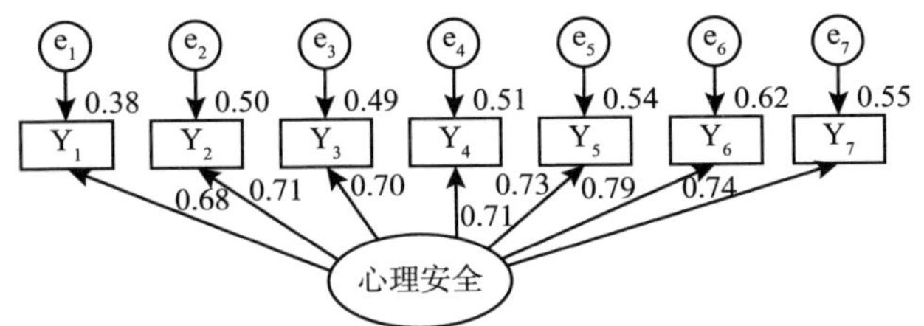

图 4-3 心理安全的参数模型

经过对内部人身份认知的信度检验，对其进行验证性因子分析，该模型的拟合适配指标分别为：$\chi^2/df=1.966$，小于 3，CFI = 0.985，IFI = 0.985，TLI = 0.975，各拟合指标都大于 0.9，RMR = 0.031，RMSEA = 0.061，小于 0.08，表明各指标具有良好的拟合效果，各拟合指标见表 4-24，图 4-4 为内部人身份认知的参数模型。

表 4-24　　内部人身份认知 CFA 指数统计

指标	CMIN/DF	RMSEA	RMR	CFI	IFI	TLI
数值	1.966	0.061	0.031	0.985	0.985	0.975

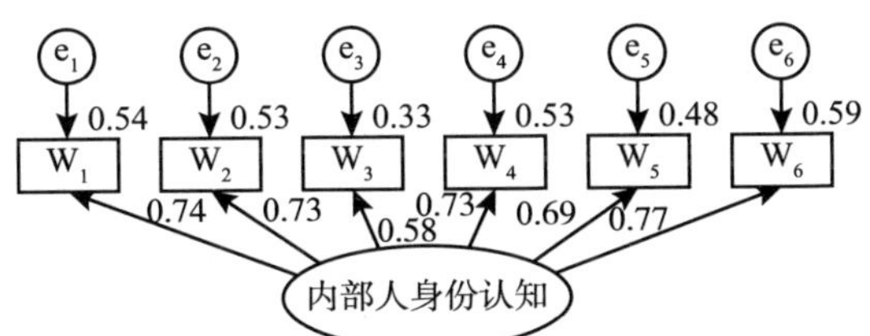

图 4-4 内部人身份认知的参数模型

经过对进谏行为的信度检验，对其进行验证性因子分析，该模型的拟合适配指标分别为：$\chi^2/df = 2.306$，小于 3，CFI = 0.966，IFI = 0.966，TLI = 0.958，各拟合指标都大于 0.9，RMR = 0.032，RMSEA = 0.071，小于 0.08，表明各指标具有良好的拟合效果，各拟合指标见表 4-25，图 4-5 为进谏行为的参数模型。

表 4－25　　进谏行为 CFA 指数统计

指标	CMIN/DF	RMSEA	RMR	CFI	IFI	TLI
数值	2.306	0.071	0.032	0.966	0.966	0.958

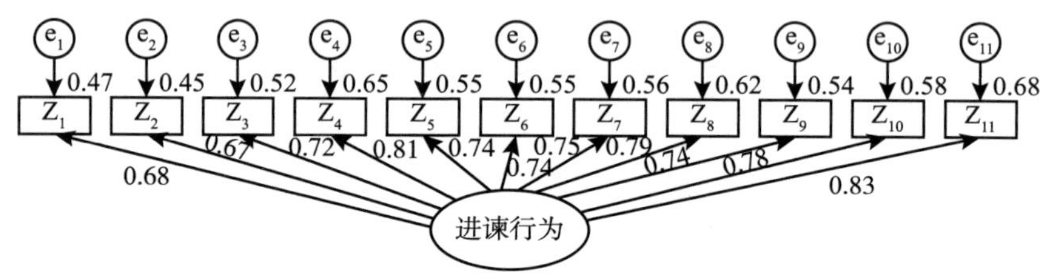

图 4－5　进谏行为的参数模型

（三）区分效度检验

采用验证性因子分析技术对所获得的数据进行了分析，以确认所研究的 5 个变量（共享型领导、权力距离、心理安全、内部人身份认知和进谏行为）的区分效度。结果如表 4－26 所示。

表 4－26　　验证性因子分析结果（N＝258）

模型	χ^2	df	χ^2/df	GFI	IFI	CFI	TLI	RMSEA
单因子模型	2425.846	1175.000	2.065	0.685	0.845	0.844	0.837	0.064
二因子模型	2383.460	1174.000	2.030	0.689	0.850	0.849	0.842	0.063
三因子模型	2295.453	1172.000	1.959	0.699	0.861	0.860	0.853	0.061
四因子模型	2125.704	1169.000	1.818	0.716	0.881	0.880	0.875	0.056
五因子模型	1680.167	1165.000	1.442	0.832	0.936	0.936	0.932	0.041

注：单因子模型：共享型领导＋权力距离＋心理安全＋内部人身份认知＋进谏行为；
二因子模型：共享型领导＋权力距离＋心理安全＋内部人身份认知、进谏行为；
三因子模型：共享型领导＋权力距离、心理安全＋内部人身份认知、进谏行为；
四因子模型：共享型领导＋权力距离、心理安全、内部人身份认知、进谏行为；
五因子模型：共享型领导、权力距离、心理安全、内部人身份认知、进谏行为。

由表 4－26 可见，通过不同模型对比，五因子模型的数据拟合效果是最佳的，由此可以判断本书所涉及的五个核心变量都具有良好的区分效度，确实代表了五个不同的构念。根据上述判断，可以继续进行结构方程模型分析。

第六节　本章小结

本章在前文理论的基础上展开研究设计，对于本书涉及的共享型领导、心理安全、内部人身份认知、权力距离以及进谏行为等变量的测量标准进行界定。在查阅相关国内外成熟量表后，选择适合本研究的量表。然后对问卷发放和回收等情况进行解释说明，运用 SPSS23.0 对回收问卷进行数据的描述性统计分析，最后对各变量之间的相关性也做了相应检验分析。

第五章

共享型领导对员工进谏行为影响的实证检验

第一节　基于心理安全中介作用的影响机制实证研究

一、拟合度检验

模型与数据的拟合水平能够用再生协方差矩阵和样本协方差矩阵之间的差异性来进行评价，通常使用拟合指数来体现两者之间的差异。在建立的模型中，使用极大似然估计法得到 χ^2 值，χ^2 值表示两个矩阵之间的差异大小，如果数值越大则差异越大；反之，则越小。在显著水平下，如果 χ^2 大于相应临界值，则说明差异性过大，模型与实际数据并没有达到拟合标准；反之，如果 χ^2 小于临界值，则证明拟合程度良好。但是，在实际应用过程中 χ^2 大小容易受到样本量的影响，因此直接用它来检验模型的拟合程度是不恰当的。现在学者在研究中一般采用绝对、相对拟合指数以及简约拟合指数相结合的方式来判断模型是否拟合。在 CFA 中，经常使用的绝对拟合指数包括 χ^2、RESEA、GFI、AGFI 等。但是上述指数容易受到样本容量的影响而造成一定程度的误差，相比之下，RMSEA 被样本容量干扰程度较小，因此在判断过程中应该重点参考该项指标的大小。通常情况下当 RMSEA 小于 0.08，GFI 和 AGFI 大于 0.9 时，说明模型拟合较好。相对拟合指数是通过对照理论模型和基准模型后获得的数值，常用的相对拟合指数主要有 NFI、TFI 和 CFI，如果他们的值均大于 0.9，一般认为模型的拟合程度是可以通过检验的。

由于每个人的研究对象和内容不同，因此要求的测量精确程度也有所差别，对于检验模型所要用到的拟合指标项以及每项指标的数值标准会存在一些不同。通常在实证研究过程中，有些相对复杂的模型由于数据难以符合模型中所有拟合指标的要求，因而会出现拟合困难的情况。因此，在实际研究中，对于各个指标的拟合标准，我们要灵活地看待和处理，必要情况下可以适当放宽要求。

本书所采用的拟合度指标、各项指标的判断标准以及研究初始值如表 5-1 所示。根据 AMOS23.0 输出的模型拟合结果看，χ^2/df 的值为 1.631（小于 2），初始模型的 TLI 值为 0.934，CFI 值为 0.938，均大于 0.9 的标准，RMSEA 的值为 0.05 小于 0.08，GFI 值为 0.803，NFI 值为 0.855，虽然未达到 0.9 的标准，但根据李磊等的研究[65]，虽然出现了个别指标难以拟合的情况，但是也可以认为该模型与数据的拟合程度良好，接受模型。

表 5-1 结构方程模型拟合指标通过标准及本研究初始值对照

功能	指标	通过标准	本研究初始值
验证性因子分析（CFA）及结构方程模型	调整后的卡方值	$\chi^2/df<2$	1.631
	拟合优度指数	GFI≥0.9	0.803
	增值适配指数	NFI≥0.9	0.855
	非规准适配指数	TLI≥0.9	0.934
	比较拟合指数	CFI≥0.90	0.938
	估计误差均方根系数	RMSEA<0.08	0.05

二、结构方程模型路径图

根据之前建立的概念模型以及潜变量与观测变量的设置，运用

AMOS23.0 软件构建结构方程模型，在对模型进行分析以前，首先对共享型领导、心理安全和进谏行为的潜变量与他们的观测变量之间的关系进行检验，参数估计值如图 5－1 所示，所有潜变量与观测指标间的标准化负荷均大于0.5，且T值绝对值为15.841，大于1.96，因此本书中的观测指标与变量间的关系显著，可以进行结构方程模型的分析，对模型中所设定的路径系数进行验证。

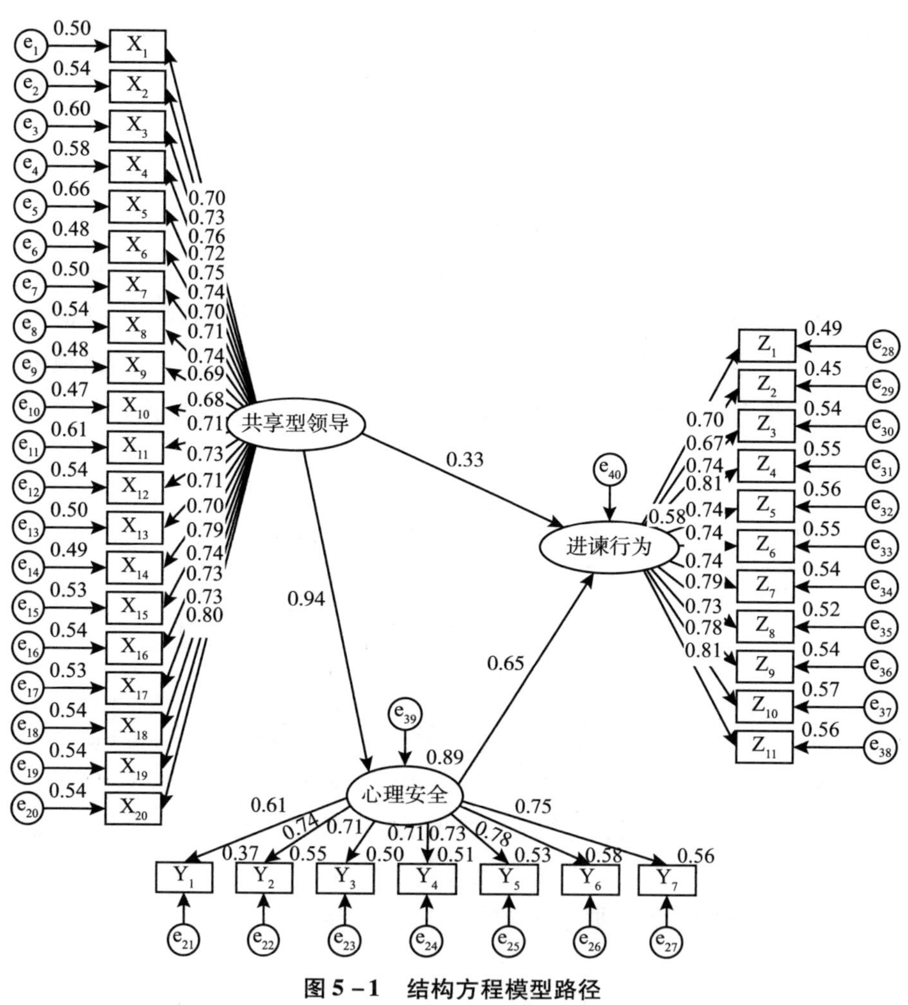

图 5－1　结构方程模型路径

在第三章模型构建的基础上，运用 AMOS23.0 软件输出三个变量间的标准化路径系数和 P 值如表 5－2 所示。

表 5－2　　初始路径系数及理论假设检验结果

路径	Estimate	S. E.	C. R.	P	假设	是否支持原假设理论
共享型领导→心理安全	0.94	0.064	12.819	***	假设 2	是
心理安全→进谏行为	0.65	0.136	4.453	***	假设 3	是
共享型领导→进谏行为	0.33	0.108	2.472	0.013	假设 1	是

注：*** 表示在 1% 水平下显著。

从表 5－2 可以看出，在共享型领导对员工进谏行为影响的模型中：①共享型领导显著影响员工的进谏行为，相应路径系数为 0.33，达到显著水平（$P<0.05$），假设 1 得到支持；②共享型领导显著影响员工的心理安全，相应路径系数为 0.94，达到显著水平（$P<0.01$），假设 2 得到支持；③员工的心理安全显著影响其进谏行为，相应路径系数为 0.65，达到显著水平（$P<0.01$），假设 3 得到支持。

三、中介作用检验

为了检验假设 4 心理安全对共享型领导和员工进谏行为之间关系的中介作用，我们遵循麦金农和洛克伍德等（MacKinnon & Lockwood, 2004）的建议，使用 Bootstrap 方法并利用 AMOS 来检验中介路径的显著性，即共享型领导通过心理安全到进谏行为的间接效应是否显著异于零。Bootstrap 方法不需要假设抽样的正态分布，而是通过反复抽样来估计间接效应及其抽样分布，并据此分布特征来估计间接效应的置信区间（CI），因此许多学者建议使用该方法（施洛特和博尔格，2002）。

在结构方程中设置 Bootstrap 样本为 5000，进行 Bollen-Stine Bootstrap 运算。通过对 258 份问卷样本数据进行 5000 次 bootstrap 再抽样

分析，结果显示：模型在 5000 个 Bootstrap 样本中拟合很好，在 7 个 Bootstrap 样本中未拟合或拟合较差，Bollen-Stine Bootstrap P 值为 0.001，表明不能拒绝原假设模型。同时得到模型路径分析的标准化路径系数的标准差、显著性及其 95% 的置信区间，检验结果如表 5-3 所示。由表 5-3 的第二行和第三行可知，心理安全中介效应的 95% 置信区间不包含 0，接受假设 4，心理安全对共享型领导与员工进谏行为关系起中介作用。但是根据“共享型领导→进谏行为”路径的置信区间包括 0，因此不显著，可以判断心理安全为完全中介作用。

表 5-3　中介效应显著性 bootstrap 检验分析结果

路径	bootstrap 分析检验结果		显著性	95% 置信区间
	均值 M	标准误 SD		
共享型领导→心理安全	0.942	0.018	<0.001	0.900，0.971
心理安全→进谏行为	0.693	0.211	<0.001	0.353，1.113
共享型领导→进谏行为	0.293	0.211	0.13	-0.132，0.629

为提高检验效果，可以进一步进行索贝尔（Sobel）检验，Sobel 检验公式如下：

$$Z = \frac{ab}{\sqrt{s_a^2 b^2 + s_b^2 a^2}}$$

在 AMOS 结果输出中可以找到对应标准化 a、b 的估计值及标准误，$a=0.942$，$b=0.653$，$S_a=0.018$，$S_b=0.211$，计算得 $Z=3.09$，查麦金农的临界值表可知，$3.09>1.96$（$P<0.05$），因此说明中介效应显著。

四、假设检验结果分析

第三章基于理论分析，根据共享型领导对员工进谏行为的影响机制建立了相应的假设模型，第四章运用问卷调查得到的数据进行结构方程模型分析，对所提出的假设进行检验以其正确性，为接下来得出研究结论和管理启示提供数据支持。

假设 1：共享型领导对员工进谏行为有正向促进作用得到验证。其中假设 3 的标准化路径系数为 0.33，统计显著，说明企业共享型领导与进谏行为之间的关系显著。也就是说，企业共享型领导氛围越强，员工进谏意愿也更强。

假设 2：共享型领导对员工心理安全有正向促进作用得到验证。假设 1 的标准化路径系数为 0.94，统计显著，表明共享型领导与员工心理安全之间的关系显著。也就是说，实现共享型领导程度越高的企业，员工的心理安全感越高。

假设 3：员工心理安全对进谏行为有正向促进作用得到验证。其中假设 2 的标准化路径系数为 0.65，统计显著，说明员工心理安全与进谏行为之间的关系显著。也就是说，心理安全感越强烈的员工，会有更强的进谏意愿。

假设 4：心理安全在共享型领导和员工进谏行为之间起中介作用得到验证。通过 Bootstrap 运算得到进谏行为中介效应的 95% 置信区间不包含 0，而且是完全中介作用，并且进行了 Sobel 检验，进一步验证了假设 4。即共享型领导是通过影响员工的心理安全感对其进谏行为产生作用的。

第二节　基于内部人身份认知中介作用的影响机制实证研究

一、拟合度检验

吴明隆（2010）指出，调查样本的数量越大，结构方程模型（SEM）

运行获得的结果越准确。本书的调查对象有效个体样本量为 279 个，满足结构方程模型分析的样本容量要求，可以用该数据分析研究假设。

为判断结构方程的实际拟合程度，我们需要运用不同的指标综合检验研究变量的因子分析结果，并验证理论假设的拟合程度。目前，学术界常用的指标包括卡方值（χ^2）、卡方自由度比（χ^2/df）、拟合优度（GFI）、规范拟合指数（NFI）、修正拟合指数（IFI）、比较拟合指数（CFI）和近似误差的均方根（RMSEA）（例如 Wang，Law，Hackett，Wang & Chen，2005）[54]。因此，本书采用这几项指标来检验模型。

χ^2 值对样本数的敏感程度较高，即样本容量越大，χ^2 值越倾向于达到显著，致使研究的假设越容易被拒绝。因此，χ^2 不适用于样本数量高的拟合检验。这种情况下，χ^2/df 指标就发挥出其重要作用，因为该指标可以减少样本规模对拟合检验的影响，适用于大样本容量。如果 χ^2/df 值大于 3（最大界值为 5）表示模型拟合程度过低，如果 χ^2/df 的值处于 1 ~ 3 范围内代表模型的拟合程度良好，而如果该值处于 1 ~ 2，说明拟合程度优秀（吴明隆，2010）。另有学者指出，χ^2/df 值处于 2.0 ~ 5.0 的情况下，假设可被接受（侯杰泰、温忠麟、马什赫伯特，2004）[55]。

GFI 的取值范围为 0 ~ 1，一般情况下，如果 GFI 超过 0.90，我们就认为模型拟合程度良好，假设可以被接受（吴明隆，2010），而温忠麟等（2004）[55]建议可采用 0.85 作为可接受的界值。

作为相对指数，NFI、IFI 和 CFI 三个指数的计算方法为设定模型的拟合与独立模型的拟合的比较。NFI、IFI 和 CFI 三者的取值范围均在 0 ~ 1，取值越大，模型拟合程度越高。吴明隆（2010）认为，这三个指标是用于判断显示数据与模型假设之间是否具有关联度的指标，在通常情况下，若这些指标大于 0.9 就可以接受假设内容。

在绝对指数中，RMSEA 可归类为近似误差指数。对于 RMSEA 值，我们认为若低于 0.1 表示拟合较好；低于 0.05 表示拟合很好；低于 0.01 表示拟合非常出色。而温忠麟、侯杰泰、马什赫伯特（2004）[55]

指出，低于0.08的RMSEA值均可以被接受。黄芳铭（2010）[56]提出了不同的见解，他认为RMSEA值小于0.05表示理论假设可以被接受，是“良好适配”；0.05～0.08为“不错的适配”；0.08～0.10是“中度适配”；大于0.10则表示“不良适配”。基于以上理论，选取0.10作为假设可以被接受的限值，认为若RMSEA值小于0.08则为拟合程度良好。

基于上述分析，将需要使用的拟合指标、拟合指标的取值范围以及接受假设的建议值汇总如表5－4所示。

表5－4　最佳适配度指标及其建议值

指标	数值范围	建议值
χ^2/DF	0以上	小于5，小于2更佳
RMSEA	0以上	小于0.10，小于0.05更佳
GFI	0～1，但可能出现负值	大于0.9（大于0.85也可接受）
NFI	0～1	大于0.9
IFI	0以上，大多在0～1	大于0.9
CFI	0～1	大于0.9

除了计算模型是否拟合程度良好以外，模型假设的内在质量也需要与潜变量相关联，我们才可以认为模型可以被接受，也就是说模型满足外部拟合的同时也要满足内部拟合。因此，本书不仅计算了模型的拟合指标，测度了模型的拟合程度，还运用因子分析的方法计算了模型内部各个变量、题项的质量、信度以及效度，同时计算了每个维度互相之间影响的效度，也就是说我们要计算出因子载荷和组合信度。

因子载荷是潜变量质量的体现，如果该值超过了0.71，项目就具有优秀的质量。这是因为如果因子载荷超过了0.71，潜变量就可以对将近一半的观察变量变异作出解释。但在当前的社会背景下，研究学者编制的量表计算出的因子载荷水平都普遍偏低，因此，采取塔巴奇尼卡（Tabachnica）与菲德尔（Fidell）的提议，认为超过0.55即可以认为质量良好较具有现实意义。

组合信度（composite reliability，CR）可以用于判断各潜变量测度的模型信度水平。传统的观念认为，CR 必须要高于 0.7 才可以认为测量较为可靠，也就是说量表中每个题项的因子载荷值都要达到处于 0.7 或 0.7 之上。但在现实生活中，学者们编制的量表难以达到这一水平，所以吴明隆（2010）[53]提出 CR 超过 0.6 即可认为潜变量组合信度良好。国外学者通过研究分析，认为 CR 达到 0.5 模型的信度水平就较为稳定，而邱浩政和林碧芳（2009）[57]认同这一观点。

二、结构方程模型路径图

图 5－2 为验证性因子模型图，分析了验证性因子分析结果，我们可以看出测量模型的整体拟合效果良好，其中，$\chi^2/df = 1.789$，小于 2；RMSEA＝0.058，在 0.08 以内，为“适配较佳”，而 GFI＝0.771，NFI＝0.722，IFI＝0.855，CFI＝0.853 接近或优于 0.90 的标准，因此可认为，该测量模型有效。而从模型的内部拟合度角度，可以看到，每个测量项目的标准化因子载荷值都达到了 0.55 的基本标准以上，介于 0.55～0.86 之间，表明这些因素对应的观察项目的质量良好；各测量项目的信度 CR 值均在 0.70 以上，表明各维度具有良好的信度，测量模型符合研究要求。

三、假设检验结果

在实证分析后，我们验证了研究假设，即共享型领导风格对员工的进谏行为有正向预测作用；内部人身份认知员工的进谏行为有影响，内部人身份认知可以正向预测员工的进谏行为；共享型领导对内部人身份认知有正向预测作用；内部人身份认知在共享型领导和员工进谏行为之间起到中介作用。具体假设验证情况参照表 5－5。

F1
F2
F3
e39
0.04
1
0.48
0.28
0.39
0.86
0.17
e38
1
0.41 e37 题7.11 1.27
0.45 e36 题7.10 1.15
0.51 e35 题7.9 1.16
0.47 e34 题7.8 1.29
0.51 e33 题7.7 1.27
0.53 e32 题7.6 1.09
0.67 e31 题7.5 0.94
0.59 e30 题7.4 1.88
0.76 e29 题7.3 1.15
0.63 e28 题7.2 0.98
0.74 e27 题7.1 1.00
0.2 0.64 0.69 0.89 0.93 1.00
题6.1 题6.2 题6.3 题6.4 题6.5 题6.6
0.52 e21 0.64 e22 0.69 e23 0.89 e24 0.66 e25 0.57 e26
1.00 题2.20 1.00 e20 0.48
0.91 题2.19 1.00 e19 0.48
0.91 题2.18 1.00 e18 0.48
0.99 题2.17 1.00 e17 0.51
1.00 题2.16 1.00 e16 0.55
0.88 题2.15 1.00 e15 0.50
0.78 题2.14 1.00 e14 0.60
0.95 题2.13 1.00 e13 0.53
0.87 题2.12 1.00 e12 0.47
0.86 题2.11 1.00 e11 0.59
0.76 题2.10 1.00 e10 0.70
0.93 题2.9 1.00 e9 0.60
0.85 题2.8 1.00 e8 0.70
0.93 题2.7 1.00 e7 0.82
1.04 题2.6 1.00 e6 0.74
1.07 题2.5 1.00 e5 0.48
0.92 题2.4 1.00 e4 0.48
0.92 题2.3 1.00 e3 0.52
0.99 题2.2 1.00 e2 0.58
0.86 题2.1 1.00 e1 0.54

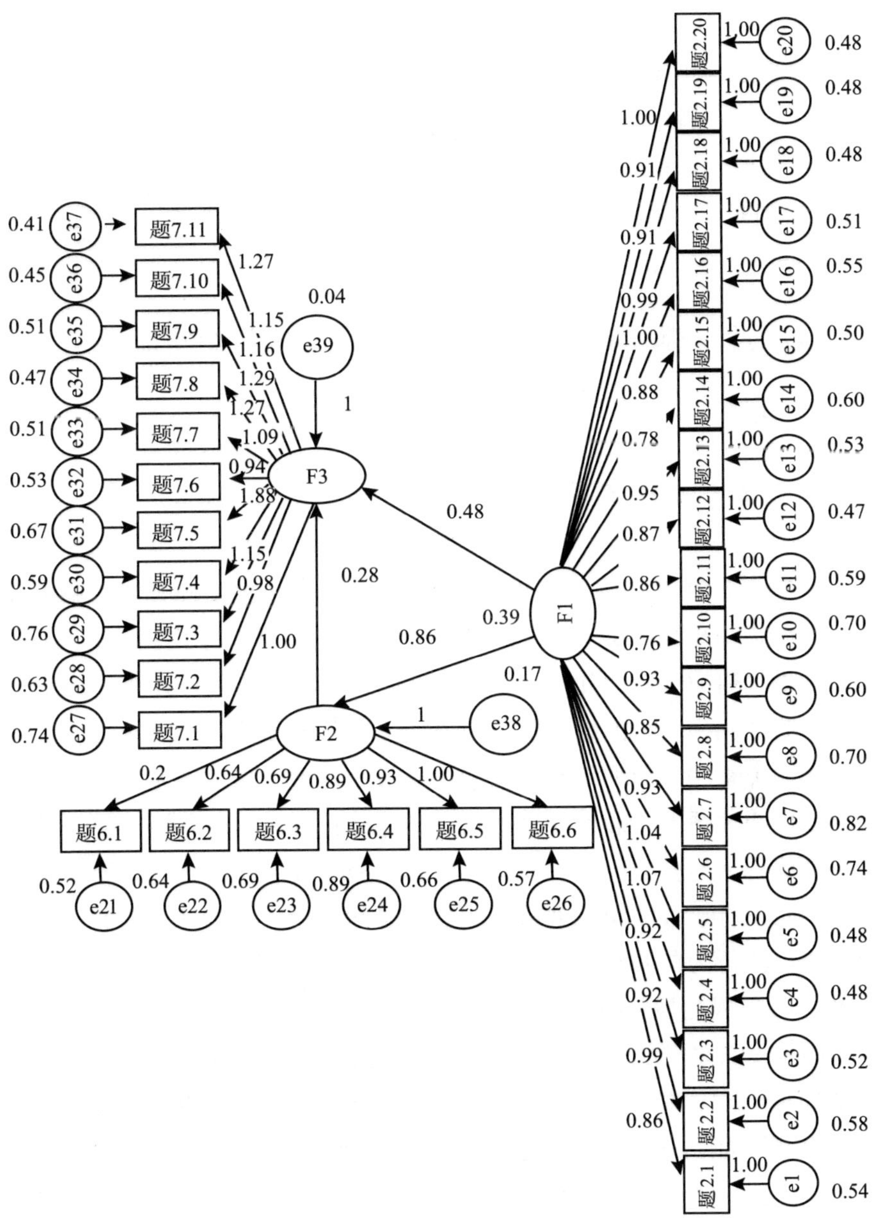

图 5－2　验证性因子模型

表 5－5　　假设验证情况

假设	假设内容	验证结果
1	共享型领导与员工的内部人身份认知程度呈正相关。	支持
2	内部人身份认知与进谏行为之间呈正相关。	支持
3	共享型领导与进谏行为之间呈正相关。	支持
4	内部人身份认知在共享型领导和进谏行为之间起到中介作用。	支持

第三节　基于权力距离调节作用的影响机制实证研究

一、变量的相关分析

变量之间的相关关系有两种：确定性关系和不确定性关系。确定性关系如面积与边长的关系，不确定关系如学习成绩与学习时间的关系。相关分析是研究变量之间不确定性关系的一种统计方法。在进行相关分析前一般先画出变量的散点图，根据散点图估计变量之间是否有相关关系、相关关系的方向如何，从而选择合适的模型。皮尔逊相关系数是常用的线性相关系数。假设共享型领导与进谏行为之间没有显著的相关关系，进谏行为与权力距离之间没有显著的相关关系，共享型领导与权力距离之间没有显著的相关关系。经过相关性分析，我们可以看到共享型领导与进谏行为的皮尔逊系数 r = 0. 61，显著性检验系数 Sig. = 0. 000 小于 0. 05，因此拒绝原假设，共享型领导与进谏行为在 0. 01 的水平上显著相关。共享型领导与权力距离的皮尔逊系数 r = －0. 091，显著性检验系数 Sig. = 0. 200 大于 0. 05，因此共享型领导与权力距离不相关。进谏行为与权力距离的皮尔逊系数 r = －0. 029，显著性检验系数 Sig. = 0. 696 大于 0. 05，不能拒绝原假设，进谏行为与权力距离不相关。书中所研究的三个变量的散点图和相关性分析分别如图 5－3 和表 5－6 所示。

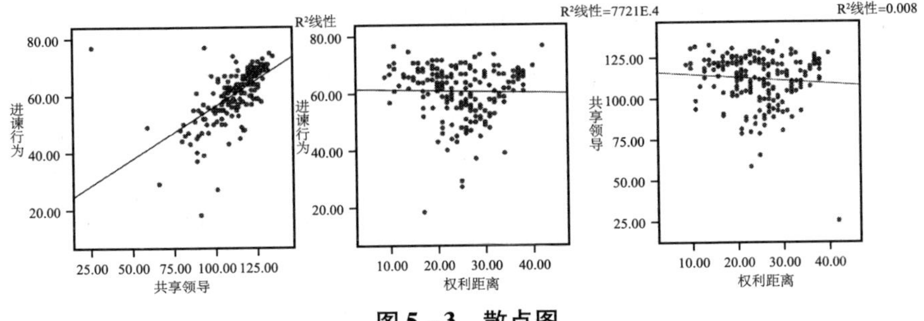

图 5－3　散点图

表 5－6　　变量的相关分析

领导类型		共享领导	进谏行为	权力距离
共享领导	Pearson 相关性	1	0.610 **	－0.091
	显著性（双侧）	—	0.00	0.2
进谏行为	Pearson 相关性	0.610 **	1	－0.028
	显著性（双侧）	0.00	—	0.696
权力距离	Pearson 相关性	－0.091	－0.028	1
	显著性（双侧）	0.2	0.696	—

注：** 表示在 5% 的水平上（双侧）显著相关。

二、变量间影响关系的回归分析

根据假设 1：共享型领导对进谏行为具有促进作用构造回归方程：

$$\hat{Y} = a + bX$$

并将之前调查问卷中的数据代入方程进行检验，得到结果如表 5－7 和表 5－8 所示：

表 5－7　　模型汇总

模型	R	R^2	调整 R^2	标准估计的误差
1	0.61	0.372	0.369	7.21851

表 5 - 8 方程系数

—	—	非标准化系数	—	标准系数	—	—
模型	—	B	标准误差	试用版	t	Sig.
1	（常量）	19. 206	3. 89	—	4. 937	0. 000
—	共享领导	0. 372	0. 034	0. 61	10. 826	0. 000

在表 5 - 7 中我们可以看到 R = 0. 610，表示共享型领导与进谏行为之间的皮尔逊相关系数为 0. 610，R^2 用百分数表示后可理解为因变量的总变异性中被自变量解释的百分比，我们可知共享型领导解释了进谏行为的总体变异性的 37. 2%。估计标准的误差值为 7. 21851，说明用共享型领导预测进谏行为，回归方程在预测时所得到的值平均偏离大约 7. 21851 点。表 5 - 8 为方程系数，提供了共享型领导的显著性检验，该表最后两列是共享型领导的 t 值和 p 值，p = 0. 000 小于 0. 05，因此拒绝原假设并可以推断共享型领导是进谏行为的显著预测变量，假设 1：共享型领导对进谏行为具有促进作用成立。并且回归方程为：

$$\hat{Y} = 19.206 + 0.372X$$

三、权力距离的调节作用分析

巴朗和肯尼（Baron & Kenny）提出在验证调节作用时需要以下两步：步骤一：在多元回归中加入自变量、调节变量，检验自变量是否对因变量具有显著的预测作用。步骤二：将自变量与调节变量中心化后计算自变量和调节变量的交互项，并将其引入回归模型。若乘积项的回归系数是显著的，并且步骤二中的回归分析相对于步骤一中的回归分析中 Y 的方差的解释百分比（R^2）也有显著增加，由此可以说交互乘积项 M 的调节效应是显著的。按照这一方法，我们首先要检验共享型领导和权力距离对进谏行为是否具有显著的预测作用，若显著，则进行第二步检验，引入交互项检验回归系数是否显著，并比较相对于步骤一中的回

归分析 R^2 是否发生显著变化。

根据假设我们构建如下回归方程：

$$\hat{Y}_1 = aX + bM + e$$

$$\hat{Y}_2 = aX + bM + cXM + e$$

其中，Y 是因变量进谏行为，X 是自变量共享型领导，M 是调节变量权力距离，XM 是权力距离和共享型领导的交互项。我们可以检验两个方程的 R^2 改变量，如果该变量显著，说明调节作用显著，也可以直接检验 c 的显著性，如果显著也可以说明调节作用。将之前调查问卷中的数据代入方程进行检验，得到结果如表 5－9 和表 5－10 所示：

表 5－9　　回归系数方程

模型	变量	非标准化系数		标准系数		
		B	标准误差	试用版	t	Sig.
1	常量	60.091	1.827	—	32.898	0.000
	共享领导	0.373	0.035	0.612	10.806	0.000
	权力距离	0.034	0.069	0.028	0.493	0.623
2	常量	58.066	1.735	—	33.462	0.000
	共享领导	0.422	0.033	0.692	12.688	0.000
	权力距离	0.106	0.066	0.086	1.610	0.109
	交互项	－0.021	0.004	－0.311	－5.655	0.000

从表 5－9 中我们可以看到在多元回归中加入自变量、调节变量后得到第一个回归方程，自变量的系数为 0.373，对因变量具有显著的预测作用；第二步将自变量与调节变量中心化后计算得到的交互乘积项引入回归模型，得到第二个回归方程，可以看到乘积项的回归系数也是显著的，且乘积项回归系数为负。

表 5－10 模型汇总

模型	R	R^2	调整 R^2	标准估计的误差	R^2 更改	F 更改	更改统计量		
							df_1	df_2	Sig. F 更改
1	0.610①	0.373	0.366	7.23236	0.373	58.502	2	197	0.000
2	0.679②	0.461	0.452	6.72299	0.088	31.983	1	196	0.000

注：①：预测变量（常量），中心化后的共享领导，中心化的权力距离；②：预测变量（常量），中心化后的共享领导，中心化的权力距离，共享领导与权力距离交互项（中心化后）。

从表 5－10 中，我们可以看到两次回归中 R^2 值发生了明显改变，由 0.373 变为 0.461，Sig. F 更改的值为 0.000 小于 0.05。回归分析的结果表明：权力距离对共享型领导与进谏行为的关系具有调节作用，并且这种调节作用是反向的，即当权力距离较高时，共享型领导对进谏行为的正向作用会降低，当权力距离较低时，共享型领导对进谏行为的正向作用会升高，假设 2 成立。

四、假设检验结果

（一）共享型领导对进谏行为具有正向作用

本书是基于社会交换视角的组织支持感与领导成员交换理论，假设共享型领导对员工的进谏行为具有正向作用。为了验证这一假设，进行了关于共享领导与进谏行为的问卷调查，并运用 SPSS20.0 对所得到的数据进行分析。在相关性分析中，共享型领导与进谏行为在 0.01 的水平上显著相关，相关系数为 0.61。为了验证二者具体的关系，进行了回归分析，回归分析的结果表明：共享型领导解释了总体变异性的 37.2%。估计标准的误差值为 7.21851，说明回归方程在预测时所得到的值平均偏离大约 7.21851 点。在共享型领导的显著性检验中，最后两列是共享型领导的 t 值和 Sig. F 值，Sig. F＝0.000 小于

0.05，因此共享型领导是进谏行为的显著预测变量，假设1成立。并且回归方程如下：

$$\hat{Y} = 19.206 + 0.372X$$

（二）权力距离对共享型领导与进谏行为关系具有调节作用

根据社会认知理论的观点，人的行为受到环境和个体的双重影响，在这里共享型领导是环境因素，而权力距离则是个体因素。学者们的研究已经证明了权力距离差异普遍存在于不同国家、组织和个体之间，相比于传统经典的领导理论，共享型领导正是一个强调团队成员之间平等的理论。高权力距离的个体，无论是领导者还是员工，可能都已经习惯工作中和同事相处的方式，因此，共享型领导在他们之间的推行不彻底。那么共享型领导的优点，比如其对团队成员积极性的调动或是领导成员间关系的改善都不会很好地体现。相反，在低权力距离的组织或个体中，他们平时的工作关系并没有很大的阶级区分，对他们来说，共享型领导是很快能接受的思想，在实施过程中也不会有很大阻力。因此，本书采用认知理论的“刺激—认知—行为”模型和社会认知理论中个体、行为、环境三元关系作为权力距离调节共享领导与员工进谏行为的依据。

为了验证这一假设，笔者进行了关于共享领导、进谏行为和权力距离的问卷调查，并运用SPSS20.0对所得到的数据进行回归分析，先将自变量和调节变量加入回归方程，然后将自变量和调节变量的交互项加入回归方程，比较两次回归的R^2变化，以及Sig. F更改是否显著。两次回归中R^2值由0.373变为0.461，Sig. F更改的值为0.000小于0.05。回归分析的结果表明：权力距离对共享型领导与进谏行为的关系具有显著的负向调节作用，即当权力距离较高时，共享型领导对进谏行为的正向作用会降低，当权力距离较低时，共享型领导对进谏行为的正向作用会升高，假设2成立。并且回归方程为：

$$\hat{Y}_2 = 58.066 + 0.422X + 0.106M - 0.021XM$$

第四节　本章小结

本章对心理安全的中介作用、内部人身份认知中介作用和权力距离的调节作用进行实证研究，在此基础上，对相关变量之间的影响关系进行回归分析。

第六章

基于双中介作用的整体模型实证检验

第一节　变量关系的假设检验与分析

本章对基于心理安全、内部人身份认知双中介作用和权力距离调节作用的理论模型进行实证检验，前面章节已经证实共享型领导、心理安全、内部人身份认知和进谏行为之间具有一定的相关性，但是这不能证明变量之间有因果关系，因此还需要通过多元回归分析进一步验证几者之间的关系。在此之前对构建的多元回归模型进行了多重共线性和同源偏差检验，且本书所有模型均通过了多重共线性、同源偏差检验，因此可以进行多元线性回归。

一、共享型领导与心理安全的验证关系

通过模型 1 和模型 2 对共享型领导对员工心理安全的影响关系进行了验证。由表 6－1 模型 1 的结果可以看出：控制变量性别、年龄、学历和工作时间对于员工心理安全的影响的 P 值大于 0.05，说明控制变量对员工心理安全没有显著影响作用，F 值显著，R^2 值为 0.039，说明模型 1 拟合情况不好。从模型 2 可以看出，整体模型的 F 值为 161.353

且 P 小于 0.001，显著，R^2 值为 0.762，共享型领导对员工心理安全存在显著的正向影响（β =0.862，sig. <0.001），假设 1 得到验证。

表 6 -1　　共享型领导对心理安全影响的回归结果

变量	心理安全	
	模型 1	模型 2
性别	0.030	-0.045 *
年龄	-0.114	-0.027 *
学历	0.131	0.054 *
工作时间	0.193	0.071 *
共享型领导		0.862 *
MAX VIF	2.042	2.053
F	2.577 *	161.353 ***
R^2	0.039	0.762
调整 R^2	0.024	0.757
DW 值		2.070

注：* 表示在 0.05 水平（双侧）上显著相关；** 表示在 0.01 水平（双侧）上显著相关；*** 表示在 0.001 水平（双侧）上显著相关。

二、共享型领导与内部人身份认知的验证关系

通过模型 3 和模型 4 对共享型领导对员工内部人身份认知的影响关系进行了验证。由表 6 -2 模型 3 的结果可以看出：控制变量性别、年龄、学历和工作时间对于员工内部人身份认知影响的 P 值大于 0.05，说明控制变量对员工内部人身份认知没有显著影响作用，F 值不显著，R^2 值为 0.023，说明模型 3 拟合情况不好。从模型 4 可以看出，整体模型的 F 值为 42.834 且 P 小于 0.001，显著，R^2 值为 0.459，共享型领导对员工内部人身份认知存在显著的正向影响（β = 0.670，sig. < 0.001），假设 3 得到验证。

表 6-2　　共享型领导对内部人身份认知影响的回归结果

变量	内部人身份认知	
	模型 3	模型 4
性别	0.129	0.071*
年龄	-0.069	-0.001
学历	0.036	-0.024*
工作时间	0.102	0.007
共享型领导		0.670*
MAX VIF	2.042	0.053
F	1.47	42.834***
R^2	0.023	0.459
调整 R^2	0.007	0.449
DW 值		1.898

注：* 表示在 0.05 水平（双侧）上显著相关；** 表示在 0.01 水平（双侧）上显著相关；*** 表示在 0.001 水平（双侧）上显著相关。

三、心理安全与员工进谏行为的验证关系

通过模型 5 和模型 6 对心理安全对员工进谏行为的影响关系进行了验证。由表 6-3 模型 5 的结果可以看出：控制变量性别、年龄、学历和工作时间对于员工进谏行为的影响的 P 值大于 0.05，说明控制变量对员工进谏行为没有显著影响作用，F 值显著，R^2 值为 0.038，说明模型 5 拟合情况不好。从模型 6 可以看出，整体模型的 F 值为 166.571 且 P 小于 0.001，显著，R^2 值为 0.768，心理安全对员工进谏行为存在显著的正向影响（$\beta = 0.871$，sig. < 0.001），假设 2 得到验证。

表 6-3　　心理安全对员工进谏行为影响的回归结果

	进谏行为	
变量	模型 5	模型 6
性别	0.059	0.033 *
年龄	-0.112	-0.013 *
学历	0.107	-0.007 *
工作时间	0.206	0.038 *
心理安全		0.871 *
MAX VIF	2.042	2.071
F	2.519 *	166.571 ***
R^2	0.038	0.768
调整 R^2	0.023	0.763
DW 值		1.922

注：* 表示在 0.05 水平（双侧）上显著相关；** 表示在 0.01 水平（双侧）上显著相关；*** 表示在 0.001 水平（双侧）上显著相关。

四、内部人身份认知与员工进谏行为的验证关系

通过模型 7 和模型 8 对内部人身份认知对员工进谏行为的影响关系进行了验证。由表 6-4 模型 7 的结果可以看出：控制变量性别、年龄、学历和工作时间对于员工进谏行为的影响的 P 值大于 0.05，说明控制变量对员工进谏行为没有显著影响作用，F 值显著，R^2 值为 0.038，说明模型 7 拟合情况不好。从模型 8 可以看出，整体模型的 F 值为 53.701 且 P 小于 0.001，显著，R^2 值为 0.516，内部人身份认知对员工进谏行为存在显著的正向影响（$\beta = 0.699$，sig. < 0.001），假设 4 得到验证。

表 6-4 内部人身份认知对员工进谏行为的回归结果

变量	进谏行为	
	模型 7	模型 8
性别	0.059	-0.031*
年龄	-0.112	-0.064
学历	0.107	0.081*
工作时间	0.206	0.135
内部人身份认知		0.699*
MAX VIF	2.042	2.047
F	2.519*	53.701***
R^2	0.038	0.516
调整 R^2	0.023	0.506
DW 值		1.791

注：* 表示在 0.05 水平（双侧）上显著相关；** 表示在 0.01 水平（双侧）上显著相关；*** 表示在 0.001 水平（双侧）上显著相关。

五、共享型领导与员工进谏行为的验证关系

通过模型 9 和模型 10 对共享型领导对员工进谏行为的影响关系进行了验证。由表 6-5 模型 9 的结果可以看出：控制变量性别、年龄、学历和工作时间对于员工进谏行为的影响的 P 值大于 0.05，说明控制变量对员工进谏行为没有显著影响作用，F 值显著，R^2 值为 0.038，说明模型 9 拟合情况不好。从模型 10 可以看出，整体模型的 F 值为 207.330 且 P 小于 0.001，显著，R^2 值为 0.804，共享型领导对员工进谏行为存在显著的正向影响（$\beta=0.887$，sig. <0.001），假设 5 得到验证。

表 6－5　　共享型领导对员工进谏行为影响的回归结果

变量	进谏行为	
	模型 9	模型 10
性别	0.059	－0.018*
年龄	－0.112	－0.023*
学历	0.107	0.027*
工作时间	0.206	0.081*
共享型领导		0.887*
MAX VIF	2.042	2.053
F	2.519*	207.330***
R^2	0.038	0.804
调整 R^2	0.023	0.801
DW 值		1.992

注：* 表示在 0.05 水平（双侧）上显著相关；** 表示在 0.01 水平（双侧）上显著相关；*** 表示在 0.001 水平（双侧）上显著相关。

第二节　结构方程模型检验

一、验证性因子分析

模型与数据的拟合水平能够用共用再生协方差矩阵和样本协方差矩阵之间的差异性来进行评价，通常使用拟合指数来体现两者之间的差异。在建立的模型中，使用极大似然估计法得到 χ^2 值，χ^2 值表示两个矩阵之间的差异大小，如果数值越大则差异越大；反之，则越小。在显著水平下，如果 χ^2 大于相应临界值，则说明差异性过大，模型与实际数据并没有达到拟合标准；反之，如果 χ^2 小于临界值，则证明拟合程度良好。但是，在实际应用过程中，χ^2 大小容易受到样本量的影响，因此直接用它来检验模型的拟合程度是不恰当的。现在学者在研究中一般采用绝对、相对拟合指数以及简约拟合指数相结合的方式来判断模型是否拟合。在 CFA 中，经常使用的绝对拟合指数包括 χ^2、RESEA、GFI、AGFI 等。但是上述指数容易受到样本容量的影响而造成一定程度的误差，几者相比之下，RMSEA 被样本容量干扰程度较小，因此在判断过程中应该重点参考该项指标的大小。通常情况下当 RMSEA 小于 0.08，GFI 和 AGFI 大于 0.9 时，说明模型拟合较好。相对拟合指数是通过对照理论模型和基准模型后获得的数值，常用的相对拟合指数主要有 NFI、TFI 和 CFI，如果他们的值均大于 0.9，一般认为模型的拟合程度是可以通过检验的。

由于每个人的研究对象和内容不同，因此要求的测量精确程度也有所差别，对于检验模型时所要用到的拟合指标项以及每项指标的数值标准就会存在一些不同。通常在实证研究过程中，有些相对复杂的模型由于数据难以符合模型中所有拟合指标的要求，因而会出现拟合困难的情况。因此，在实际研究中，对于各个指标的拟合标准，我们要灵活的看待和处理，必要情况下可以适当放宽要求。

所采用的拟合度指标、各项指标的判断标准以及研究初始值如表 6 - 6 所示。根据 AMOS23.0 输出的模型拟合结果看，χ^2/df 的值为 1.530（小于 2），初始模型的 TLI 值为 0.933，CFI 值为 0.937，均大于 0.9 的标准，RMSEA 的值为 0.045 小于 0.08，GFI 值为 0.803，NFI 值为 0.838，虽然未达到 0.9 的标准，但根据李磊等人的研究[160]，虽然出现了个别指标难以拟合的情况，但是也可以认为该模型与数据的拟合程度良好，接受模型。

表6-6　结构方程模型拟合指标通过标准及本研究初始值对照表

功能	指标	通过标准	本研究初始值
验证性因子分析（CFA）及结构方程模型	调整后的卡方值	$\chi^2/df<2$	1.530
	残差均方和平方根	RMR<0.05	0.036
	估计误差均方根系数	RMSEA<0.08	0.045
	适配度指数	GFI≥0.9	0.803
	规准适配指数	NFI≥0.9	0.838
	增值适配指数	IFI≥0.9	0.937
	非规准适配指数	TLI≥0.9	0.933
	比较适配指数	CFI≥0.90	0.937
	简约适配度指数	PGFI>0.5	0.716
	简约调整后的规准适配指数	PNFI>0.5	0.794

二、模型拟合结果和假设验证

根据之前建立的概念模型以及潜变量与观测变量的设置，运用AMOS23.0软件构建结构方程模型，在对模型进行分析以前，首先对共享型领导、心理安全、内部人身份认知和进谏行为的潜变量与它们的观测变量之间的关系进行检验，参数估计值如图6-1所示，所有潜变量与观测指标间的标准化负荷均大于0.5，且T值绝对值大于1.96，因此本研究中的观测指标与变量间的关系显著，可以进行结构方程模型的分析，对模型中所设定的路径系数进行验证。

在第三章模型构建的基础上，运用AMOS23.0软件输出四个变量间的标准化路径系数和P值如表6-7所示。

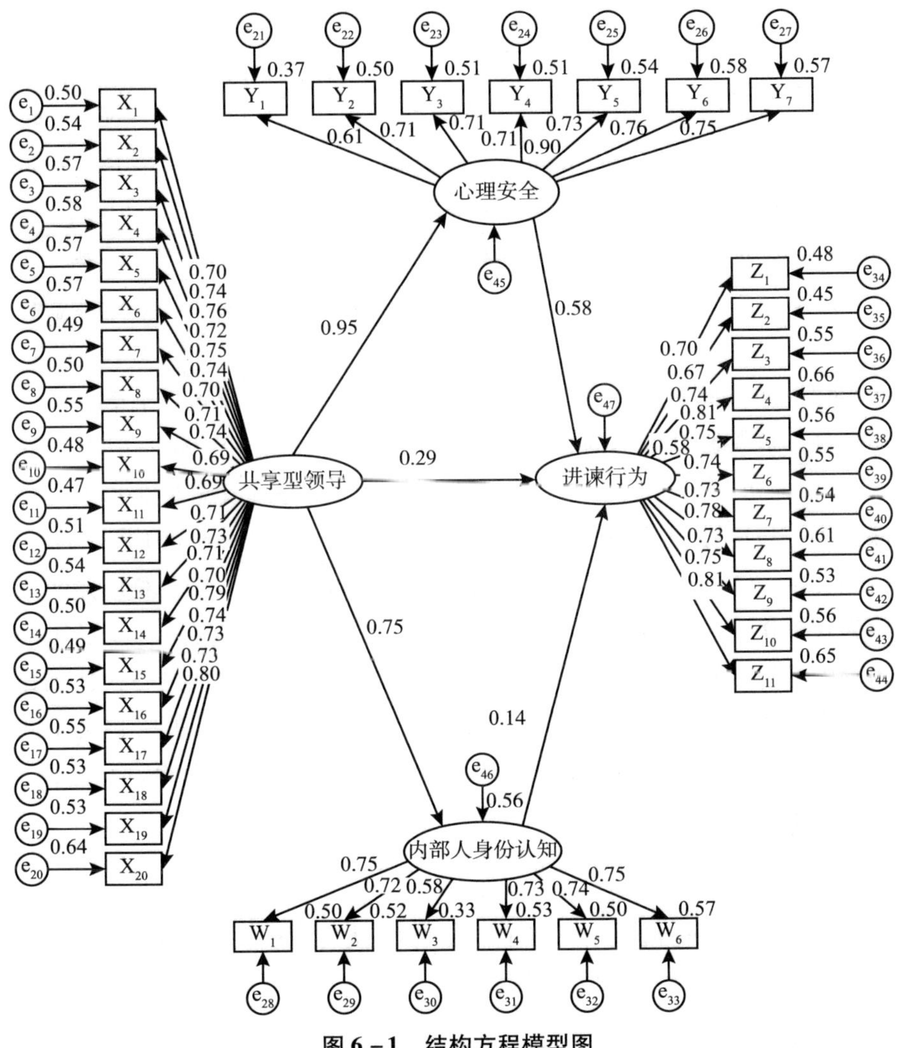

图 6－1　结构方程模型图

表 6－7　　　　　　　　　　　　　模型拟合结果

作用路径	Estimate	S. E.	C. R.	P	假设	是否支持原假设理论
共享型领导→心理安全	0. 946	0. 064	12. 855	***	H1	是
心理安全→进谏行为	0. 577	0. 136	3. 896	***	H2	是

续表

作用路径	Estimate	S. E.	C. R.	P	假设	是否支持原假设理论
共享型领导→内部人身份认知	0. 750	0. 071	10. 288	***	H3	是
内部人身份认知→进谏行为	0. 143	0. 039	3. 038	**	H4	是
共享型领导→进谏行为	0. 294	0. 117	2. 019	*	H5	是

注：* 表示在 10% 水平下显著，** 表示在 5% 水平下显著，*** 表示在 1% 水平下显著。

根据结构模型路径图 6－1 和表 6－7 模型拟合结果可以看到，①共享型领导显著影响员工的心理安全，相应路径系数为 0. 946，达到显著水平（P＜0. 001），假设 1 得到支持；②员工的心理安全显著影响其进谏行为，相应路径系数为 0. 577，达到显著水平（P＜0. 001），假设 2 得到支持；③共享型领导显著影响员工的内部人身份认知，相应路径系数为 0. 750，达到显著水平（P＜0. 001），假设 3 得到支持；④员工的内部人身份认知显著影响其进谏行为，相应路径系数为 0. 143，达到显著水平（P＜0. 05），假设 4 得到支持；⑤共享型领导显著影响员工的进谏行为，相应路径系数为 0. 294，达到显著水平（P＜0. 01），假设 5 得到支持。

第三节　心理安全和内部人身份认知的中介作用检验

为了检验假设 5 和假设 6 心理安全、内部人身份认知在共享型领导对员工进谏行为影响路径的中介作用，我们采纳麦金农和洛克伍德等（2004）的建议，使用 Bootstrap 方法并利用 AMOS 来检验中介路径的显著性，即共享型领导通过心理安全、内部人身份认知到进谏行为的间接效应是否显著异于零。Bootstrap 方法是通过反复抽样来实现抽样分布的估计和间接效应的检验，间接效应的置信区间（CI）也是根据其分布特征来进行估计的，因此许多专家学者建议使用此种估计方法。

在结构方程中设置 Bootstrap 样本为 2000，进行 Bollen-Stine Bootstrap 运算。通过对 258 份问卷样本数据进行 2000 次 Bootstrap 再抽样分析，结果显示：模型在 2000 个 Bootstrap 样本中拟合很好，在 19 个 Bootstrap 样本中未拟合或拟合较差，Bollen-Stine Bootstrap P 值为 0.001，表明不能拒绝原假设模型。同时得到模型路径分析的标准化路径系数的标准差、显著性及其95%的置信区间，检验结果如表6－8 和表6－9 所示。由表中最后一栏可以看出，心理安全、内部人身份认知中介效应的95%置信区间不包含0，接受假设6 和假设7，心理安全、内部人身份认知对共享型领导与员工进谏行为关系起中介作用。根据“共享型领导→进谏行为”路径的置信区间不包括0，结果显著，可以判断本研究中心理安全、内部人身份认知为不完全中介作用。

一、心理安全中介效应检验

为提高检验效果，可以进一步进行 Sobel 检验，Sobel 检验公式如下：

$$Z = \frac{ab}{\sqrt{S_a^2 b^2 + S_b^2 a^2}} \qquad (6-1)$$

如表6－8 所示，在 AMOS 结果输出中可以找到对应标准化 a、b 的估计值及标准误，$a = 0.824$，$b = 0.531$，$S_a = 0.07$，$S_b = 0.217$，计算得 $Z_1 = 2.396$，查麦金农的临界值表可知，$2.396 > 1.96$（$P < 0.05$），因此说明心理安全中介效应显著。

表6－8　心理安全中介效应显著性 Bootstrap 检验分析结果

路径	Bootstrap 分析检验结果		显著性	95%置信区间
	均值 M	标准误 SD		
共享型领导→心理安全	0.824	0.07	<0.001	0.698，0.975
心理安全→进谏行为	0.531	0.217	<0.001	0.238，1.045
共享型领导→进谏行为	0.235	0.182	<0.001	0.192，0.498

二、内部人身份认知中介效应检验

如表 6 – 9 所示，在 AMOS 结果输出中可以找到对应标准化 a、b 的估计值及标准误，a = 0.727，b = 0.118，S_a = 0.075，S_b = 0.04，计算得 Z_2 = 2.822，查麦金农的临界值表可知，2.822 > 1.96（P < 0.05），因此说明内部人身份认知中介效应显著。

表 6 – 9　　内部人身份认知中介效应显著性 Bootstrap 检验分析结果

路径	Bootstrap 分析检验结果		显著性	95% 置信区间
	均值 M	标准误 SD		
共享型领导→内部人身份认知	0.727	0.075	<0.001	0.583，0.876
内部人身份认知→进谏行为	0.118	0.04	<0.001	0.049，0.204
共享型领导→进谏行为	0.235	0.182	<0.001	0.192，0.498

第四节　权力距离的调节作用检验

一、权力距离在共享型领导与心理安全之间的调节作用

（一）简单调节作用

为了验证权力距离在共享型领导与心理安全中的调节作用，笔者先将所有变量进行中心化处理，然后构建了四个模型。如表 6 – 10 所示，模型 1 以心理安全为因变量，控制变量为自变量；模型 2 以心理安全为因变量，自变量为共享型领导，共享型领导对员工心理安全的回归系数为 0.862，P < 0.01；模型 3 以心理安全为因变量，共享型领导和权力距离为自变量，二者对心理安全的回归系数分别为 0.861（P < 0.01）和 0.024（P > 0.01）；模型 4 在模型 3 的基础上增加共享型领导和权力

距离的交互项，交互项的回归系数为 -0.173，ΔR^2 为0.011，$P<0.01$。权力距离在共享型领导和心理安全关系中起到负向调节作用，上文中提出的假设 8 得到了验证。图 6-2 表明了这种交互作用的影响模式，分别以高于均值一个标准差和低于均值一个标准差为基准描绘了在不同权力距离水平下，共享型领导对于员工心理安全的影响。

表 6-10　权力距离在共享型领导与心理安全之间的调节作用

变量	心理安全			
	模型 1	模型 2	模型 3	模型 4
性别	0.030	-0.045	-0.045	-0.040
年龄	-0.114	-0.027	-0.028	-0.034
学历	0.131 *	0.054	0.055	0.059
工作	0.193 *	0.071	0.070	0.072
共享型领导		0.862 ***	0.861 ***	0.815 ***
权力距离			0.024	0.033
共享型领导 * 权力距离				-0.173 ***
F	2.577 *	161.353 ***	134.357 ***	122.329 ***
R^2	0.039	0.762	0.763	0.774
ΔR^2	0.039 *	0.723 ***	0.001	0.011 ***

注：* 表示在 10% 水下下显著，*** 表示在 1% 水平下显著。

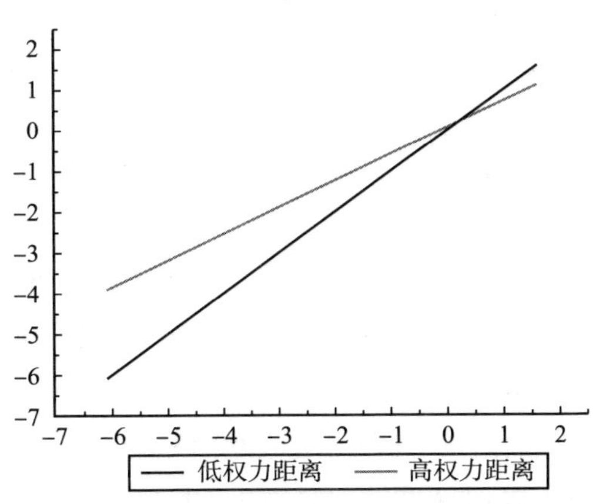

图 6-2　不同权力距离水平下共享型领导对员工心理安全的影响

（二）有中介的调节作用

根据简单调节效应可知，权力距离对共享型领导与心理安全的关系有显著的调节效果，因此更深一步分析有中介的调节作用。本书采用 Spss Process 宏程序对有中介的调节效应进行检验。普里彻（Preacher）的亚分组分析法认为，间接效应在不同取值条件下一个显著、一个不显著，说明存在有中介的调节效应。然而该方法也存在一定的局限性，因为在不同取值条件下，当间接效应出现都显著或都不显著的情况时，就不能判别是否存在有中介的调节效应。海耶斯（Hayes）后又提出了另外一个判定指标 Index，在上述情况中，不同取值条件下间接效应都显著或者都不显著，仍旧可以通过此项指标进行判断。

在本书中将采用两种方法对有中介的调节进行验证，Bootstraping 均采用 1000 次重复抽样，构造 95% 的偏差校正构造区间，如果置信区间不包括 0，则有中介的调节效应显著。权力距离对心理安全中介作用的调节效应见表 6 – 11。

表 6 – 11　　权力距离对心理安全中介作用的调节效应

中介变量		条件间接效应				有中介的调节效应			
		调节变量效应	标准误	下限	上限	INDEX	标准误	下限	上限
心理安全	低水平	0.401	0.058	0.280	0.508	–0.069	0.029	–0.127	–0.016
	高水平	0.262	0.054	0.167	0.377				

由表 6 – 11 可以看出，当权力距离水平较低时，权力距离对心理安全在共享型领导与员工进谏行为中介作用的调节效应量为 0.401，置信区间为［0.280，0.508］，该置信区间不包括 0，即有中介的调节作用显著。而当权力距离水平较高时，权力距离对心理安全的中介作用的调节效应量为 0.262，置信区间为［0.167，0.377］，该置信区间不包括 0，即有中介的调节效应显著。由亚分组分析法可知，该有中介的调节

效应显著，假设 8 得到验证。此外，根据表 6 - 11，权力距离对共享型领导影响进谏行为的关系存在调节作用的 INDEX 判定指标为 - 0.069，置信区间为［- 0.127，- 0.016］，不包含 0，因此有中介的调节效应是显著的，从而进一步验证了假设 8。

二、权力距离在共享型领导与内部人身份认知之间的调节作用

（一）简单调节作用

为了验证权力距离在共享型领导与内部人身份认知中的调节作用，先将所有变量进行中心化处理，然后我们构建了四个模型。如表 6 - 12 所示，模型 1 以内部人身份认知为因变量，控制变量为自变量；模型 2 以内部人身份认知为因变量，自变量为共享型领导，共享型领导对员工内部人身份认知的回归系数为 0.670，$P < 0.01$；模型 3 以内部人身份认知为因变量，共享型领导和权力距离为自变量，二者对内部人身份认知的回归系数分别为 0.670（$P < 0.01$）和 0.012（$P > 0.01$）；模型 4 在模型 3 的基础上增加共享型领导和权力距离的交互项，交互项的回归系数为 - 0.320，ΔR^2 为 0.039，$P < 0.01$。权力距离在共享型领导和内部人身份认知关系中起到负向调节作用，上文中提出的假设 9 得到了验证。图 6 - 3 表明了这种交互作用的影响模式，分别以高于均值一个标准差和低于均值一个标准差为基准描绘了在不同权力距离水平下，共享型领导对于员工内部人身份认知的影响。

表 6 - 12　权力距离在共享型领导与内部人身份认知之间的调节作用

变量	内部人身份认知			
	模型 1	模型 2	模型 3	模型 4
性别	0.129*	0.071	0.071	0.080
年龄	- 0.069	- 0.001	- 0.002	- 0.012

续表

变量	内部人身份认知			
	模型 1	模型 2	模型 3	模型 4
学历	0.036	-0.024	-0.023	-0.015
工作	0.102	0.007	0.007	0.011
共享型领导		0.670 ***	0.670 ***	0.583 ***
权力距离			0.012	0.029
共享型领导 * 权力距离				-0.320 ***
F	1.470	42.834	35.575	35.538
R^2	0.023	0.459	0.460	0.499
ΔR^2	0.023	0.437 ***	0.000	0.039 ***

注：* 表示在 10% 水下下显著，*** 表示在 1% 水平下显著。

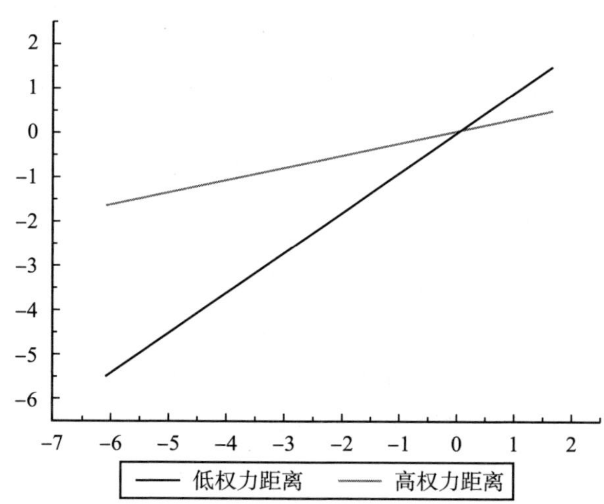

图 6-3　不同权力距离水平下共享型领导对员工内部人身份认知的影响

（二）有中介的调节作用

权力距离对内部人身份认知中介作用的调节效应见表 6-13。

表 6-13　　权力距离对内部人身份认知中介作用的调节效应

中介变量		条件间接效应有中介的调节效应							
		调节变量效应	标准误	下限	上限	INDEX	标准误	下限	上限
内部人身份认知	低水平	0.171	0.040	0.102	0.260	-0.059	0.022	-0.113	-0.025
	高水平	0.052	0.027	0.005	0.114				

由表 6-13 可以看出，当权力距离水平较低时，权力距离对内部人身份认知在共享型领导与员工进谏行为中介作用的调节效应量为 0.171，置信区间为［0.102，0.260］，该置信区间不包括 0，即有中介的调节作用显著。而当权力距离水平较高时，权力距离对内部人身份认知的中介作用的调节效应量为 0.052，置信区间为［0.005，0.114］，不包括 0，说明有中介的调节效应显著。由亚分组分析法可知，该中介的调节效应显著，假设 9 得到验证。此外，根据表 6-13，权力距离对共享型领导影响进谏行为的关系存在调节作用的 INDEX 判定指标为 -0.059，置信区间为［-0.113，-0.025］，不包含 0，因此有中介的调节效应是显著的，从而进一步验证了假设 9。

第五节　假设检验结果

本章对基于心理安全、内部人身份认知中介作用和权力距离调节作用的理论模型进行了实证检验并支持了前文所提出的 9 个假设，如表 6-14 所示。

表 6-14　　假设检验结果汇总

假设	检验结果
假设 1：共享型领导对员工心理安全有正向促进作用	支持
假设 2：心理安全对员工进谏行为有正向促进作用	支持

续表

假设	检验结果
假设 3：共享型领导对员工内部人身份认知有正向促进作用	支持
假设 4：内部人身份认知对员工进谏行为有正向促进作用	支持
假设 5：共享型领导对员工进谏行为有正向促进作用	支持
假设 6：心理安全在共享型领导与员工进谏行为之间起中介作用	支持
假设 7：内部人身份认知在共享型领导与员工进谏行为之间起中介作用	支持
假设 8：权力距离在共享型领导影响心理安全的路径中起负向调节作用	支持
假设 9：权力距离在共享型领导影响内部人身份认知的路径中起负向调节作用	支持

第六节　本章小结

本章主要借助 SPSS23.0 和 AMOS23.0 两种软件进行实证研究。首先运用 SPSS 软件对数据进行可靠性检验，问卷的信度和效度良好；接着对各变量间的假设模型进行检验，验证了共享型领导对员工心理安全、内部人身份认知的影响，员工心理安全、内部人身份认知对进谏行为的影响，共享型领导对员工进谏行为的影响；然后运用 AMOS 软件对共享型领导与员工进谏行为关系进行结构方程模型分析，列出了模型的拟合度和路径图，模型拟合较好，通过检验，得出各潜变量之间的关系显著，利用 Bootstrap 方法验证了心理安全、内部人身份认知的中介作用；继而，运用 SPSS process 宏程序，检验权力距离的调节作用，结果通过假设，即权力距离在共享型领导和心理安全、内部人身份认知之间起到负向调节作用。结果表明，第三章提出的研究假设全部得到支持。

第七章

结果分析与管理启示

第一节 结果分析

本书在对共享型领导影响员工进谏行为的理论模型进行对比和分析后，最终构建了基于心理安全、内部人身份认知双中介作用和权力距离调节作用的共享型领导影响员工进谏行为的理论模型，探讨了共享型领导、员工心理安全、内部人身份认知、权力距离和进谏行为之间的关系，在实证研究中运用多元线性回归分析、结构方程模型等，对所构建的理论模型进行验证，最终得出实证检验结果。下面对实证结果进行分析：

一、共享型领导对员工进谏行为的影响结果分析

共享型领导对员工进谏行为有显著的正向促进作用。由前文的验证结果可知，假设共享型领导对员工进谏行为的正向促进作用显著，通过验证（$\beta=0.887$，sig. <0.001）。领导方式能够对员工的创新性行为产生影响，员工会根据企业领导者的管理方式和被对待的态度，决定自己的行为。也就是说员工更倾向于在共享型领导环境下发出声音，提出见

解，而相反在威权型领导环境下，更容易保持沉默。对当前处于激烈竞争环境的中小型企业而言，想要在复杂环境中不断适应市场变化且稳定发展，采取共享型领导更有利于企业的长期可持续发展。

二、共享型领导对员工心理安全的影响结果分析

共享型领导对员工心理安全有显著的正向促进作用。通过检验结果可以看出，假设共享型领导对员工心理安全的正向促进作用显著，通过验证（$\beta=0.862$，sig. <0.001）。在高水平的共享型领导环境中，无等级差异更能够让员工产生积极情感，帮助员工更加自信地面对当前所处环境，增强员工的心理安全感。本书在实证研究过程中也通过了该项假设，即认为共享型领导对员工心理安全有正向促进作用。

三、共享型领导对员工内部人身份认知的影响结果分析

共享型领导对员工内部人身份认知有显著的正向促进作用。通过检验结果可以看出，假设共享型领导对员工内部人身份认知的正向促进作用显著，通过验证（$\beta=0.670$，sig. <0.001）。现有理论已经表明共享型领导能够给予员工更多支持和激励，员工能够在自我管理、自我领导中获得更多的归属感和责任感，将自己视为“内部人”身份，本书实证研究也验证了前文的假设，即共享型领导对员工内部人身份认知有正向促进作用。

四、员工心理安全、内部人身份认知对员工进谏行为的影响结果分析

员工心理安全、内部人身份认知对员工进谏行为有显著的正向促进作用。通过检验结果可以看出，假设员工心理安全对进谏行为的正向促进作用显著（$\beta=0.871$，sig. <0.001）、员工内部人身份认知对进谏行

为的正向促进作用显著（$\beta=0.699$，sig. <0.001）通过验证。笔者在对已有文献进行梳理后，认为员工的心理安全感以及内部人身份认知能够对员工的内在动机产生影响，让员工树立主人公意识，将企业发展视为自己的责任，从而为提升企业竞争力，促进企业良好发展，而采取更多的创新行为如进谏行为。本书在提出假设后，通过实证验证了员工的心理安全和内部人身份认知对员工的进谏行为有正向促进作用。

五、共享型领导、员工心理安全、内部人身份认知与员工进谏行为之间的影响结果分析

员工心理安全、内部人身份认知在共享型领导影响员工进谏行为的路径中发挥着中介作用。在实证研究过程中进行验证性因子分析，共享型领导、员工心理安全、内部人身份认知和进谏行为构成要素及其测量方法的信度和效度均通过检验。前文检验结果已经验证共享型领导对员工进谏行为的正向促进作用，通过对问卷数据运用结构方程模型发现共享型领导可以通过员工的心理安全、内部人身份认知作用对其进谏行为产生影响。总体来说，“共享型领导—心理安全—进谏行为、共享型领导—内部人身份认知—进谏行为”的理论分析框架通过了实证检验。也就是说共享型领导不仅直接影响员工进谏行为，还通过心理安全、内部人身份认知间接影响员工进谏行为。

六、共享型领导、权力距离、员工心理安全与员工内部人身份认知之间的影响结果分析

权力距离在共享型领导影响员工心理安全和内部人身份认知的路径中发挥着负向调节作用。本书中针对两条路径选取了权力距离作为调节变量进行具体分析和实证研究。在共享型领导影响员工心理安全路径中，共享型领导与权力距离交互项系数为 -0.173（$P<0.01$），结果表明权力距离负向调节共享型领导对员工心理安全的影响作用；在共享型

领导影响员工内部人身份认知路径中，共享型领导与权力距离交互项系数为 -0.320（$P<0.01$），结果表明权力距离负向调节共享型领导对员工内部人身份认知的影响作用。并且通过复杂调节效应检验，验证了有调节的中介效应是显著的。员工的心理认知会因为外界环境刺激而发生变化，但同时也会受到自身权力距离认知的影响。基于第六章的实证检验结果，在低权力距离认知下，共享型领导对员工心理安全和内部人身份认知的影响作用会加强，原因在于低权力距离的员工本身倾向于与领导建立平等交流的关系，共享型领导环境氛围更加有利于满足员工的内心需求，从而形成更强烈的心理安全感和内部人身份认知。

第二节　管理启示

本书的研究内容为共享型领导风格对员工进谏行为的影响机制，结果表明权力距离在该影响过程中起到调节作用，而内部人身份认知和心理安全在其中起到中介作用且为不完全中介作用，研究结果有助于我们向企业提供有效的管理经验，通过各种方式提升员工的进谏积极性，从而促进企业的创新与发展，为企业绩效的提升奠定基础。根据上文研究结论，提出以下管理启示：

一、优化企业创新环境，营造共享领导氛围

本书通过理论分析和实证研究表明，领导方式在影响员工进谏行为方面具有重要作用。尤其是对一些高学历或者知识型员工，他们更渴望能够在无等级差异的组织环境中工作，被上级和同事尊重且平等对待，在轻松愉快的组织环境中施展才华，建言献策，展示能力，实现价值，造福企业。中国企业受传统文化以及传统领导方式的影响，在多数环境中仍然存在分明的上下级关系，成员处在该环境下，通常会因为缺乏勇气而选择沉默，只有相对轻松的领导氛围才能鼓励和激发员工实施进

谏[161]。团队的心理安全感既来源于对团队领导方式的感知，又受到组织内人际氛围的影响[20]。共享型领导能够让员工和组织之间形成相对和谐的社会交往关系，增强员工对组织的信任，让员工产生归属感，有效提高员工的心理安全感，激发员工进谏的积极性。在我国企业中，管理者因为受到传统文化和生存环境的影响，仍然采用保守管理方式或者不敢大胆尝试新型管理方式，管理者与员工之间仍为严格的上下级关系，员工的精神需求难以获得满足。然而现如今，随着中小型科技创新企业的兴起，知识型员工在企业发展过程中扮演着越来越重要的角色，现阶段员工不仅拥有物质需求，他们更希望有机会展示才能，让自己的价值和能力获得上级和同事的认可。同时，一些采用集权式或家长式管理方式的管理者，认为组织中应当有严格的等级制度，以此来显示自己作为领导者的权威，而一旦员工通过直言或者间接进谏的方式，针对组织发展或管理者决策提出自己的意见和观点，管理者会将其视为是一种挑战权威的表现，因此管理者会通过惩罚或者制裁这些员工，达到维护权威地位的目的。在这种环境的影响下，员工出于保护自己的目的，不会再通过进谏的方式满足自己的心理需求，长此以往，员工的沉默将会严重阻碍企业的创新和发展。

在我国要加快建设创新型国家的大环境驱动下，企业也需要改变管理策略来增强企业的创新力和核心竞争力，以此来适应激烈的市场竞争环境，这要求企业必须要集员工之智慧，依员工之才能，促企业之创新。因此企业应该尝试选择共享型领导方式，通过淡化等级制度、分散权力使员工获得良好的心理体验，为员工营造民主轻松的进谏环境。并且通过一些专业培训，引导员工理解和接受企业现有的领导方式、工作环境以及企业文化等。此外，企业也应注意员工的激励要与企业文化相适应，保证个人利益与集体利益的相关性和一致性[162]。

二、建立平等互动机制，提升心理安全感知

员工在不满意当前工作环境或者面对组织环境恶化的情况下，可能

会采取进谏行为，但更多可能是员工受到社会交换过程中自身角色的约束，认为自己应该为了企业向更好方向发展而做出努力，因此即便可能会面临挑战权威被惩罚或人际关系恶化等消极后果，仍然有可能实施进谏行为[163]。员工在不同的心理安全环境下，表现出主动进谏行为时需要承担的风险和压力也不一样[164]，员工的心理安全感能够引导员工挑战现状，可能还会使员工产生一些创新行为。希拉克（Hirak）等也通过研究表明，较高的心理安全氛围能够让员工更有勇气实施进谏行为，主动提出创意和想法[165]。

在中国文化环境背景下，进谏本身就倾向于被管理者视为影响组织内部和谐的一种因素，也是对领导权威的挑战，并且自古以来等级关系与人情关系就是人们在生存环境中时常顾虑的因素，这些因素阻碍了员工主动与上级或者同事进行平等的交流，其真实想法和意愿也就难以获得表达。心理安全作为一种心理感知，对员工的进谏行为起到重要的影响作用。员工身处组织中，会对人际关系风险有所顾忌，因此在大多数情况下会选择沉默。人情在工作中必不可少，但是只依靠人情因素解决问题必会阻碍企业的发展，因此企业要净化组织风气，在内部建立平等的互动机制，为员工提供交流互动的平台，鼓励员工发出不同的声音。并且通过建立完善的规章制度和奖惩机制，可以使员工在言行举止、绩效考核方面均有章可循，只有公私分明，才能让员工在安全信赖的环境中，无后顾之忧，主动进谏[166]。如果能够通过一定的激励手段，对提出建设性意见的员工给予适当奖励，这种支持将会让员工更加大胆放心地为企业建言献策[167]。

三、关注员工认知倾向，强化内部人身份认知

在中国传统文化影响下，个体认知要素所引起的企业绩效变化往往会被忽略，因此在当前环境下，员工的内在心理认知难以获得企业关注。实际上，组织绩效是一个企业和员工长期赖以生存和发展的条件，员工作为组织中的重要成员，其行为能够很大程度上影响企业绩效，这

些行为将会受到个体认知的支配。员工内部人身份认知作为影响员工持续发展的关键因素，如何从员工个体认知角度有效提高其角色内组织绩效，应当成为企业管理者思考的问题。

员工在组织中度过的时间占据了员工的大部分时间，因此成为组织的“内部人”将会成为员工的追求。尤其是在当前中国传统文化背景下，除了“家庭”能够给员工带来归属感，其次对于员工而言最重要的就是当前所处的组织环境，能够成为组织“内部人”的一员，是企业或组织对于员工身份、能力和地位的认可，也被员工视为事业成功的标志。在“士为知己者死”的传统文化典故影响下，获得“内部人”身份的员工会在组织中充分发扬主人翁精神，力求为组织出谋划策，做出更多的贡献。因此，企业在管理过程中，应当充分发扬人道主义精神，采取人性化管理方式，充分尊重员工、重视员工，挖掘和发现员工的价值，让员工真正成为企业的“内部人”[168]。与此同时，也更要积极关注员工的认知情况，及时为其提供必要条件和支持，以得到提升企业绩效的目标。

四、宣传推广企业文化，降低个人权力距离感知

根据前文研究结论证实，权力距离在书中所述的影响机制中有一定的负向调节作用，由此为企业管理提供了相关方向和经验借鉴。企业应该采取措施降低员工的权力距离感，提高员工的主人翁精神。例如：在招聘阶段通过一些特定的职业测试，选择一些具有低权力距离特质的员工，通过这种方式可以减少培训环节，员工从最初就接受了企业文化，共享型领导对其心理认知的引导过程更加顺畅，当然这一方式具有一定的不确定性，耗时且成本较高；通过企业文化和企业活动对员工进行培养，如采取群体决策的方式，不仅能够获取更丰富有效的决策方案，也能逐渐提升员工的决策参与感和积极性，并降低员工的权力距离；及时了解员工的物质和精神需求，企业应当关注员工的个人情况，在公平、公正、公开的基础上，及时回应和反馈员工诉求，与员工保持良好

沟通。

随着“80后”“90后”等年轻一代走上工作岗位，优越的家庭环境和教育经历促使他们更加富有创造力和激情，在工作中往往持有更高的标准和目标，但同时他们也崇尚民主和公平，希望得到更多的尊重和自由，对于这些低权力距离的员工，企业应该适当授权，给予他们更大更自由的发挥空间，管理者与员工要保持有效沟通，充分尊重员工的合理需求，提供更加人性化的管理，从而激励员工更有效地发挥自己的才能，为企业发展出谋划策。

五、激发员工创新能力，推动企业持续发展

员工的进谏行为对组织绩效具有重要影响[56]。在一个组织中，员工实施进谏行为是促进组织和个人发展的重要方式，不仅能够实现企业决策的民主化，为企业提供更多解决问题的方法和途径，推动企业的创新能力。另一方面，当员工向组织提出可借鉴的谏言时，能够向领导传递一种关心组织发展的信息，给领导留下良好的印象，有利于个人的发展。员工的进谏对象是领导，领导者的行为和风格必将会对员工的进谏行为产生影响。虽然员工的进谏行为能够实现“双赢”，但是员工在采取进谏行为时是要靠勇气来提供驱动力的，只有一部分领导者会认为员工的进谏行为是一种积极的行为，一旦领导者认为这是员工挑战领导者权威或是影响企业内部和谐的表现，进谏行为将会对员工产生负面影响。并且在多次遭到这样的误解后，员工的进谏意愿将会越来越小。

共享型领导的重要特点在于团队成员能够将他们所拥有的独特的知识和技能进行分享，但是这种知识共享建立在成员彼此之间的想法之上。领导者对员工进谏行为的态度和反馈会在很大程度上影响员工进谏的积极性，领导者与员工之间的关系是诱发员工进谏的重要因素，如果管理者表现为威权领导，员工则会表现出顺从和敬畏，谨言慎行，不会主动挑战上级的权威，从而较少进谏[169]。因此，领导者要想提高员工的进谏积极性，就要对员工的建言表现出积极地态度，多与员工进行沟

通，表示企业强大的包容心[170]。当员工在几次进谏之后，会把握进谏的技巧，并且意会领导者的包容态度，将进谏内容表达得更易被领导者接受。领导者对员工的态度，很大程度上取决于员工的行为，大多数员工更加在意的是领导者的看法，尤其是在中国目前的情境之下，更多领导者看重的是自己的权威和地位，如果员工在进谏时能够充分考虑领导者的感受，并且采用合适的沟通方式和技巧，有策略地表达自己的想法，则进谏行为更容易被领导者所接受。在注意沟通技巧的同时，员工还要在进谏内容上进行关注，首先明确自己在企业中的位置，注意建议的涉及广度和可实施性，提高进谏行为的有效性。

结　论

以领导行为理论、社会交换理论、认知理论等为理论基础，认真围绕“共享型领导对员工进谏行为的影响机制”这一研究命题，运用理论分析、问卷调查、实证研究等研究方法，利用结构方程模型分析了共享型领导、心理安全、内部人身份认知、权力距离和员工进谏行为五者之间的关系，具体证实了基于心理安全、内部人身份认知中介作用、权力距离调节作用的共享型领导对员工进谏行为的影响机制。并且通过对该命题的分析论证，试图向企业提出合理有效的管理启示，以促进员工的进谏行为，为提升企业的发展绩效提供现实的指导建议。本书的结论如下：

（1）共享型领导对员工的进谏行为产生正向影响。企业的领导风格能够在企业中形成一种组织氛围，对员工的态度和行为产生影响。共享型领导通过提供平等、开放的工作环境和组织支持，使员工与组织领导、其他组织成员建立和谐的相处模式，无形中为员工提供更大的发展空间，根据社会交换理论，这些条件都会激励员工积极工作，大胆提出意见或建议，从而提升组织绩效。因此共享型领导作为一种分权的领导方式，有助于员工及时表达自己的想法和意愿，促进员工的进谏行为。

（2）员工的心理安全、内部人身份认知在共享型领导对员工进谏行为的影响机制中起不完全中介作用。书中通过实证研究，验证了社会认知理论中的“刺激—认知—反应”模型，个体所处的环境通过作用于个体认知从而对个体的行为产生影响，即共享型领导为员工提供了一种安全舒适的组织氛围和企业环境，这种环境作用于员工的内部人身份认知和心理安全感知，间接对员工的进谏行为产生影响，员工的心理安全与内部人身份认知在此影响机制中扮演了中介角色，并且通过 Bootstrap 检验方法验证了员工的心理安全、内部人身份认知在该影响机制中是不完全中介作用。

（3）权力距离在共享型领导对员工心理安全、内部人身份认知影响路径中均起到调节作用。权力距离在国家层面、组织层面和个人层面都存在差别，并且它从某种角度解释了个体之间存在行为差异的原因。前文实证研究结果表明，个体层面的权力距离在上述影响路径中起到调节作用，验证了社会认知理论中个体认知受到组织环境和个体差异等多重因素的影响，即在相同的外部环境条件下，由于受到个体因素的影响，其心理认知和外在行为也会有所不同。因此，当员工权力距离高低认知不同时，共享型领导与员工心理安全、内部人身份认知的关系也会存在差异。员工的权力距离具有一定的负向调节作用，即权力距离越大，共享型领导对二者的促进作用越小；反之，则共享型领导对二者的促进作用越大。

（4）本书为企业的成长发展提供了管理启示。第一，企业应当给员工营造共享型领导环境，在这种环境下，组织内部形成和谐的社会交往关系，能够极大提升员工的归属感和心理安全认知，从而激发员工的进谏积极性。第二，企业应该通过多种方式和途径提升员工的心理安全感和内部人身份认知，鼓励员工参与进谏，安全可靠的环境和公私分明的理念可以促进员工有更强的主动性和更多的创造性，进谏行为就是其中较为明显的表现。第三，企业应当通过运用企业文化对员工进行培训、鼓励员工参与决策等方式降低员工的权力距离，同时也可通过适当方式招聘一些低权力距离特质的员工，让员工能够大胆、积极地向企业进谏。第四，领导者要对员工的进谏表现出积极鼓励的态度，向员工呈现组织强大的包容心，并且通过加强与员工之间的有效沟通，提升员工进谏的技巧性和有效性。

本书的研究还存在以下局限：第一，在选取样本时，因为时间和成本等资源有限，发放问卷 300 份，最终回收有效问卷 258 份。主要集中在东部沿海地区和东三省地区，问卷在数量和调查范围上存在局限性，在未来的研究中可以选择更多的行业和更大的区域作为样本，进一步验证书中的结论。第二，本书选取了性别、年龄、学历以及工作时长为控制变量，但是没有深入探讨这些因素是否会对员工的进谏行为有显著影响，在未来研究中可以进一步验证这一想法。第三，在研究时将共享型领导只作为一阶构念，未来可以将其划分为不同的维度，深入探讨各维度对员工进谏行为的影响作用。

附　录

领导行为对员工行为影响机制问卷

您好！

非常感谢您参加本次调研。您对相关问题的看法和见解，对我们来说十分可贵。我们选取了尽可能容易理解和回答的问题，烦请您填写完问题的全部内容。我们承诺会对您的个人信息完全保密，并保证您所填写的内容仅作为大规模样本统计之用，绝不单独举例，更不会在公开的论文或研究陈述中单独出现。

本次调查分为两部分内容，含五个量表：

第一部分　基本信息

第二部分　量表题

第一部分　您的基本信息

1. 您的性别［单选题］［必答题］

①男　②女

2. 您的年龄［单选题］［必答题］

①20 岁及以下　②21～25 岁　③26～30 岁　④31～35 岁　⑤36～40 岁　⑥41 岁及以上

3. 您的学历［单选题］［必答题］

①高中/中专及以下　②大专　③本科　④硕士　⑤博士

4. 您在当前单位工作的时间有［单选题］［必答题］

①5 年以下　②5～10 年　③10～15 年　④15 年以上

第二部分　量表题

5. 请根据您在工作中的实际情况，选择您认同的选项。表中，1 =

完全不同意，2 = 基本不同意，3 = 有点不同意，4 = 不确定，5 = 有点同意，6 = 基本同意，7 = 完全同意［矩阵量表题］［必答题］

题项	1	2	3	4	5	6	7
①我们工作组织经常通过集体研讨来提高团队智力。							
②我们工作组织的成员能自觉学习新的知识和技能。							
③我们工作组织的成员经常训练各自的专长。							
④我们工作组织的成员把工作过程当作学习过程。							
⑤我们工作组织的成员学习在问题中发现机会。							
⑥我们工作组织的成员视领导为同事。							
⑦我们工作组织的成员和领导者能分享权力。							
⑧我们工作组织的成员和领导者会共担领导责任。							
⑨我们工作组织的成员在团队里有施展领导才能的平台。							
⑩在不同的情形下，我们工作组织的领导职能由不同的成员履行。							
⑪我们工作组织的成员希望我按照绩效标准严格要求自己的工作。							
⑫我们工作组织的成员希望我工作讲效率。							
⑬我们工作组织的成员希望我不断寻找新办法来提高工作业绩。							
⑭我们工作组织的成员希望我有超水平的工作表现。							
⑮我们工作组织的成员希望我工作讲质量。							
⑯我们工作组织的成员有合作意识和合作精神。							
⑰我们工作组织的成员在工作中善于同他人合作。							
⑱我们工作组织的成员相互信任，合作默契。							
⑲我们工作组织的成员既有明确分工又有相互合作。							
⑳我们工作组织的成员积极消除相互之间的冲突以利于团队协作。							

6. 请根据您在工作中的实际情况，选择您认同的选项。表中，1 = 完全不同意，2 = 基本不同意，3 = 有点不同意，4 = 不确定，5 = 有点同意，6 = 基本同意，7 = 完全同意［矩阵量表题］［必答题］

题项	1	2	3	4	5	6	7
①管理者的绝大多数决策不需要咨询下属。							
②管理者对待下属时，常常有必要使用权威和权力。							
③管理者应较少地征求员工们的看法。							
④管理者应避免和员工发生工作以外的接触。							
⑤员工应该同意管理层做出的决策。							
⑥管理者不应该安排重要的任务给员工们。							

7. 请根据您在工作中的实际情况，选择您认同的选项。表中，1 = 完全不同意，2 = 基本不同意，3 = 有点不同意，4 = 不确定，5 = 有点同意，6 = 基本同意，7 = 完全同意［矩阵量表题］［必答题］

题项	1	2	3	4	5	6	7
①假如我在工作中犯了错误，往往不会被别人指责。							
②员工能够在组织中提出棘手的问题。							
③组织成员经常能够容忍别人的不同。							
④为组织承担风险是安全的。							
⑤组织中不会有人故意破坏我的工作成果。							
⑥在组织中让别人帮助是容易的。							
⑦与组织成员一起工作，我的特长会得到重视和发挥。							

8. 请根据您在工作中的实际情况，选择您认同的选项。表中，1 = 完全不同意，2 = 基本不同意，3 = 有点不同意，4 = 不确定，5 = 有点同意，6 = 基本同意，7 = 完全同意［矩阵量表题］［必答题］

题项	1	2	3	4	5	6	7
①我强烈地感觉到我是该工作组织的一分子。							
②我的工作组织让我相信我是其中一员。							

续表

题项	1	2	3	4	5	6	7
③我觉得自己好像不是这个组织的局外人。							
④我感觉与组织相处融洽。							
⑤我觉得在这个工作组织中我是个局内人。							
⑥我的工作组织经常让我没有感觉被忽略。							

9. 请根据您在工作中的实际情况，选择您认同的选项。表中，1 = 完全不同意，2 = 基本不同意，3 = 有点不同意，4 = 不确定，5 = 有点同意，6 = 基本同意，7 = 完全同意 [矩阵量表题] [必答题]

题项	1	2	3	4	5	6	7
①当单位内的工作出问题时，我敢于指出，不怕得罪人。							
②就可能会造成单位损失的严重问题，我实话实说，即使其他人有不同意见。							
③我敢于挑战单位中那些过时的、有碍效率的规章制度。							
④我积极向单位领导反映工作中出现的不协调问题。							
⑤我敢于对单位中影响工作效率的现象发表意见，不怕使人难堪。							
⑥我及时劝阻单位内其他员工影响工作效率的不良行为。							
⑦我积极地提出了会使单位受益的新方案。							
⑧我就改善单位工作程序积极地提出新方案。							
⑨我就改善单位工作程序积极地提出建议。							
⑩我提出了可以改善单位运作的建设性意见。							
⑪就单位中可能出现的问题，我会思考并提出自己的建议。							

参考文献

［1］ Morrison E W, Wheeler-Smith S L, Kamdar D. Speaking up in groups: a cross-level study of group voice climate and voice ［J］. Journal of Applied Psychology, 2011, 96 (1): 183.

［2］ Wang D, Waldman D A, Zhang Z. A meta-analysis of shared leadership and team effectiveness ［J］. Journal of Applied Psychology, 2014, 99 (2): 181.

［3］ Gibb J. Feeding ecology of tits, with notes on treecreeper and goldcrest ［J］. Ibis, 1954, 96 (4): 513 –543.

［4］ 孙利平，凌文辁，方俐洛．团队中的共享领导：领导研究的新视角［J］．软科学，2009，23（11）：83 –86.

［5］ 刘博逸．企业共享领导的理论与实证研究［D］．广州：暨南大学，2009.

［6］ 蒿坡，龙立荣．共享型领导的概念、测量与作用机制［J］．管理评论，2017，29（5）：87 –101.

［7］ 纪晓光．共享领导模式及其在政府管理中的应用［J］．领导科学，2018（2）：45 –47.

［8］ 韩翼，董越，胡筱菲，等．员工进谏策略及其有效性研究［J］．管理学报，2017（12）：1777 –1785.

［9］ 顾琴轩，张冰钦．虚拟团队变革型和交易型领导对团队创造力的影响机理：共享领导视角［J］．中国人力资源开发，2017（11）：6 –16.

［10］ 贾良定，宋继文，李超平，等．领导风格与员工工作态度——

互惠和信任的中介作用的实证研究 [J]. 中大管理研究, 2007, 2 (1): 13 -45.

[11] 马璐, 王丹阳. 共享型领导对员工主动创新行为的影响 [J]. 科技进步与对策, 2016, 33 (22): 131 -136.

[12] 王亮, 牛雄鹰, 石冠峰. 互联网背景下共享型领导对团队创造力的促进作用研究: 边界行为视角 [J]. 科技进步与对策, 2017, 34 (1): 141 -146.

[13] 岑皓, 吴文军. 新任领导与下属互动行为探析 [J]. 领导科学, 2017 (17): 35 -36.

[14] 李锐, 凌文辁, 柳士顺. 上司不当督导对下属建言行为的影响及其作用机制 [J]. 心理学报, 2009, (12): 1189 -1202.

[15] 孙小雅. 辱虐管理与员工沉默行为关系的实证研究 [J]. 科技经济导刊, 2018 (2): 192.

[16] 周浩, 龙立荣. 变革型领导对下属进谏行为的影响: 组织心理所有权与传统性的作用 [J]. 心理学报, 2012, 44 (3): 388 -399.

[17] 马茹菲. 论授权型领导对员工个人创新行为的影响 [J]. 湖北大学学报: 哲学社会科学版, 2016, 43 (2): 126 -131.

[18] 徐燕, 赵曙明. 社会交换和经济交换对员工情感承诺和离职意向的影响研究——领导—成员交换关系的调节作用 [J]. 科学学与科学技术管理, 2011, 32 (11): 159 -165.

[19] 陈国权, 陈子栋. 领导授权行为对员工学习能力影响机制研究 [J]. 科研管理, 2017, 38 (3): 114 -127.

[20] 卿涛, 凌玲, 闫燕. 团队领导行为与团队心理安全, 以信任为中介变量的研究 [J]. 心理科学, 2012, 49 (1): 208 -212.

[21] 颜爱民, 肖遗规, 唐明. 服务型领导与下属工作绩效的跨层分析——以心理安全为中介 [J]. 中南大学学报 (社会科学版), 2017, 23 (1): 74 -81.

[22] 梁建, 唐京. 员工合理化建议的多层次分析: 来自本土连锁超市的证据 [J]. 南开管理评论, 2009, 12 (3): 125 -134.

[23] 冯永春，周光．领导包容对员工创造行为的影响机理研究——基于心理安全视角的分析［J］．研究与发展管理，2015，27（3）：73－82.

[24] 黄潇菽．内部人身份认知研究述评［J］．外国经济与管理，2015，37（4）：51－52.

[25] 俞明传，顾琴轩，朱爱武．员工实际介入与组织关系视角下的内部人身份认知对创新行为的影响研究［J］．管理学报，2014，11（6）：836－843.

[26] 郑伯埙．差序格局与华人组织行为［J］．本土心理学研究，1995，3（4）：142－219.

[27] 汪林，储小平，倪婧．领导—部属交换、内部人身份认知与组织公民行为——基于本土家族企业视角的经验研究［J］．管理世界，2009（1）：97－107.

[28] 汪林，储小平，黄嘉欣，等．与高层领导的关系对经理人"谏言"的影响机制——来自本土家族企业的经验证据［J］．管理世界，2010（5）：108－117.

[29] 杨晓，师萍，谭乐，等．领导—成员交换社会比较、内部人身份认知与工作绩效：领导—成员交换关系差异的作用［J］．南开管理评论，2015，18（4）：26－35.

[30] 杨志成．领导成员交换、内部人身份认知对反生产行为的影响机制研究［J］．经营与管理，2017（12）：49－52.

[31] 尹俊，王辉，黄鸣鹏．授权赋能领导行为对员工内部人身份认知的影响：基于组织的自尊的调节作用［J］．心理学报，2012，44（10）：1371－1382.

[32] 苏涛永，张瑞，俞梦琦，等．谦卑领导行为与员工个人创新行为：一个被中介的调节模型［J］．工业工程与管理，2017，22（4）：147－155.

[33] 廖建桥，赵君，张永军．权力距离对中国领导行为的影响研究［J］．管理学报，2010，7（7）：988－992.

[34] 李桦. 企业性质和企业文化的差异 [J]. 企业活力，2009 (11)：70-72.

[35] 容琰，隋杨，杨百寅. 领导情绪智力对团队绩效和员工态度的影响——公平氛围和权力距离的作用 [J]. 心理学报，2015，47 (9)：1152-1161.

[36] 郑晓明，刘鑫. 互动公平对员工幸福感的影响：心理授权的中介作用与权力距离的调节作用 [J]. 心理学报，2016，48 (6)：693-709.

[37] 叶龙，刘云硕，郭名. 家长式领导对技能人才知识共享意愿的影响——基于自我概念的视角 [J]. 技术经济，2018，2 (37)：55-62.

[38] Machiavelli. 君王论 [M]. 海口：海南出版社，2002：127-135.

[39] Hoch J E, Kozlowski S W. Leading virtual teams: Hierarchical leadership, structural supports, and shared team leadership [J]. Journal of applied psychology, 2014, 99 (3): 390.

[40] Chiu C C, Owens B P, Tesluk P E. Initiating and Utilizing Shared Leadership in Teams: The Role of Leader Humility, Team Proactive Personality, and Team Performance Capability [J]. Journal of Applied Psychology, 2016, 101 (12): 1705.

[41] Detert J R, Treviño L K. Speaking up to higher-ups: How supervisors and skip-level leaders influence employee voice [J]. Organization Science, 2010, 21 (1): 249-270.

[42] Hmieleski K M, Cole M S, Baron R A. Shared authentic leadership and new venture performance [J]. Journal of Management, 2012, 38 (5): 1476-1499.

[43] D'Innocenzo L, Mathieu J E, Kukenberger M R. A meta-analysis of different forms of shared leadership-team performance relations [J]. Journal of Management, 2016, 10: 1964-1991.

[44] Mathieu J E, Kukenberger M R, D'Innocenzo L, et al. Modeling Reciprocal Team Cohesion-Performance Relationships, as Impacted by

Shared Leadership and Members' Competence [J]. Journal of Applied Psychology, 2015, 100 (3): 713.

[45] Hoch J E, Dulebohn J H. Shared leadership in enterprise resource planning and human resource management system implementation [J]. Human Resource Management Review, 2013, 23 (1): 114-125.

[46] Baer M, Frese M. Innovation is not enough: climates for initiative and psychological safety, process innovations, and firm performance [J]. Journal of Organizational Behavior, 2003, 24 (1): 45-68.

[47] Burton R M, Lauridsen J, Obel B. The impact of organizational climate and strategic fit on firm performance [J]. Human Resource Management, 2004, 43 (1): 67-82.

[48] Salamon S D, Robinson S L. Trust that binds: the impact of collective felt trust on organizational performance [J]. Journal of Applied Psychology, 2008, 93 (3): 593-601.

[49] Ilkhanizadeh S, Karatepe O M. An examination of the consequences of corporate social responsibility in the airline industry: Work engagement, career satisfaction, and voice behavior [J]. Journal of Air Transport Management, 2017, 59: 8-17.

[50] Svendsen M, Joensson T S. Transformational leadership and change related voice behavior [J]. Leadership & Organization Development Journal, 2016, 37 (3): 357-368.

[51] Agote L, Aramburu N, Lines R. Authentic Leadership Perception, Trust in the Leader, and Followers Emotions in Organizational Change Processes [J]. Journal of Applied Behavioral Science, 2016, 52 (1): 35-63.

[52] Dong Y, Bartol K M, Zhang Z, et al. Enhancing employee creativity via individual skill development and team knowledge sharing: Influences of dual-focused transformational leadership [J]. Journal of Organizational Behavior, 2017, 38 (3): 439-458.

[53] 徐冀. 动机因素对进谏行为的影响 [D]. 杭州: 浙江大学,

2010.

[54] Schein E H, Bennis W G. Personal and organizational change through group methods: The laboratory approach [M]. Wiley New York, 1965: 113 -117.

[55] May D R, Gilson R L, Harter L M. The psychological conditions of meaningfulness, safety and availability and the engagement of the human spirit at work [J]. Journal of occupational and organizational psychology, 2004, 77 (1): 11 -37.

[56] Detert J R, Burris E R. Leadership behavior and employee voice: Is the door really open? [J]. Academy of Management Journal, 2007, 50 (4): 869 -884.

[57] Roberto M A. Lessons from Everest: The interaction of cognitive bias, psychological safety, and system complexity [J]. California Management Review, 2002, 45 (1): 136 -158.

[58] Edmondson A. Psychological safety and learning behavior in work teams [J]. Administrative science quarterly, 1999, 44 (2): 350 -383.

[59] West D A. Participation is key to satisfaction, renewal [J]. Association Management, 2002, 54 (8): 128 -135.

[60] Walumbwa F O, Schaubroeck J. Leader personality traits and employee voice behavior: mediating roles of ethical leadership and work group psychological safety [J]. Journal of Applied Psychology, 2009, 94 (5): 1275.

[61] Wu C M, Chen T J. Collective psychological capital: Linking shared leadership, organizational commitment, and creativity [J]. International Journal of Hospitality Management, 2018 (74): 75 -84.

[62] Liang J, Farh J - L. Zhao S M. Promotive and prohibitive voice behavior in organizations [C]. Guangzhou: Third international association of Chinese management research conference, 2008: 14 -19.

[63] Dienesch R M, Liden R C. Leader-Member Exchange Model of

Leadership: A Critique and Further Development [J]. Academy of Management Review, 1986, 11 (3): 618 -634.

[64] Erez M, Earley P C. Culture, self-identity, and work [J]. Administrative Science Quarterly, 1993, 40 (3): 539.

[65] Eisenberger, R., huntington, R., Hutchisom, S., et al. Perceived Organizational Support [J]. Journal of Applied Psychology, 1986, (2): 500 -507.

[66] Mainiero L A. Coping with Powerlessness: The Relationship of Gender and Job Dependency to Empowerment-Strategy Usage [J]. Administrative Science Quarterly, 1986, 31 (4): 633 -653.

[67] Graham J W. An essay on organizational citizenship behavior [J]. Employee Responsibilities & Rights Journal, 1991, 4 (4): 249 -270.

[68] Masterson S S, Stamper C L. Perceived organizational membership: an aggregate framework representing the employee-organization relationship [J]. Journal of Organizational Behavior, 2003, 24 (5): 473 -490.

[69] Guerrero S, Sylvestre J, Muresanu D. Pro-diversity practices and perceived insider status [J]. Cross Cultural Management-an International Journal, 2013, 20 (1): 5 -19.

[70] Brambilla M, Manzi C, Regalia C, et al. Is religious identity a social identity? Self-categorization of religious self in six countries [J]. Psicologia Sociale, 2016, 11 (2): 189 -198.

[71] Hoftede G, Hofstede G J, Minkov M. Cultures and organizations: software of the mind: intercultural cooperation and its importance for survival [M]. McGraw-Hill, 1991: 52 -66.

[72] Bochner S, Hesketh B. Power distance, individualism/collectivism, and job-related attitudes in a culturally diverse work group. [J]. Journal of Cross-Cultural Psychology, 1994, 25 (2): 233 -257.

[73] Eylon D, Au K Y. Exploring empowerment cross-cultural differences along the power distance dimension [J]. International Journal of Inter-

cultural Relations, 1999, 23 (3): 373 -385.

[74] Sommer S M. The Impact of Culture on Feedback-Seeking Behavior: An Integrated Model and Propositions [J]. Academy of Management Review, 2000, 25 (4): 829 -849.

[75] Kim T Y, Leung K. Forming and reacting to overall fairness: A cross-cultural comparison [J]. Organizational Behavior & Human Decision Processes, 2007, 104 (1): 83 -95.

[76] Wang X, Wang X, Fang X, et al. Power distance belief and brand personality evaluations [J]. Journal of Business Research, 2018, 84: 89 -99.

[77] Clugston M, Howell J P, Dorfman P W. Does cultural socialization predict multiple bases and foci of commitment? [J]. Journal of Management, 2000, 26 (1): 5 -30.

[78] Gao, Baojun, Li, et al. How power distance affects online hotel ratings: The positive moderating roles of hotel chain and reviewers' travel experience [J]. Tourism Management, 2018, 65 (C): 176 -186.

[79] Tsui A S. From homogenization to pluralism: International management research in the academy and beyond [J]. Academy of Management Journal, 2007, 50 (6): 1353 -1364.

[80] Lian H, Ferris D L, Brown D J. Does power distance exacerbate or mitigate the effects of abusive supervision? It depends on the outcome [J]. Journal of Applied Psychology, 2012, 97 (1): 107 -23.

[81] Jackson S. A qualitative evaluation of shared leadership barriers, drivers and recommendations [J]. Journal of management in medicine, 2000, 14 (3/4): 166 -178.

[82] Spooner S H, Keenan R, Card M. Determining if shared leadership is being practiced: evaluation methodology [J]. Nursing Administration Quarterly, 1997, 22 (1): 47 -56.

[83] Houghton J D, Neck C P, Manz C C. Self-leadership and super-

leadership: The heart and art of creating shared leadership in teams [J]. Leadership Quarterly, 2003, 19 (1): 677.

[84] Ensley M D, Pearson A, Pearce C L. Top management team process, shared leadership, and new venture performance: a theoretical model and research agenda [J]. Human Resource Management Review, 2003, 13 (2): 329 -346.

[85] Scott L, Caress A L. Shared governance and shared leadership: meeting the challenges of implementation [J]. Journal of Nursing Management, 2005, 13 (1): 4 -12.

[86] Ensley M D, Hmieleski K M, Pearce C L. The importance of vertical and shared leadership within new venture top management teams: Implications for the performance of startups [J]. The Leadership Quarterly, 2006, 17 (3): 217 -231.

[87] 蒿坡，龙立荣，贺伟．共享型领导如何影响团队产出？信息交换，激情氛围与环境不确定性的作用 [J]. 心理学报，2015，47 (10): 1288 -1299.

[88] Pastor J C, Mayo M. Shared leadership in work teams: A social network approach [R]. Instituto de Empresa: Area of Economic Environment, 2002.

[89] Shane Wood M, Fields D. Exploring the impact of shared leadership on management team member job outcomes [J]. Baltic Journal of Management, 2007, 2 (3): 251 -272.

[90] 赵国祥，赵鹏娟．知识型员工共享领导内容结构 [J]. 心理科学，2012，35 (5): 1149 -1153.

[91] Pearce C L, Manz C C, Sims H P. Where Do We Go From Here?: Is Shared Leadership the Key to Team Success? [J]. Organizational Dynamics, 2009, 38 (3): 234 -238.

[92] 段锦云．中国背景下建言行为研究：结构，形成机制及影响 [J]. 心理科学进展，2011，19 (2): 185 -192.

[93] Hirschman A O. Exit, voice, and loyalty: responses to decline in firms, organizations, and states [J]. Social Forces, 1970, 17 (1): 47 -56.

[94] Motowildo S J, Borman W C, Schmit M J. A theory of individual differences in task and contextual performance [J]. Human performance, 1997, 10 (2): 71 -83.

[95] Dyne L V, Ang S, Botero I C. Conceptualizing Employee Silence and Employee Voice as Multidimensional Constructs [J]. Journal of Management Studies, 2003, 40 (6): 1359 -1392.

[96] Maynes T D, Podsakoff P M. Speaking more broadly: An examination of the nature, antecedents, and consequences of an expanded set of employee voice behaviors. [J]. J Appl Psychol, 2014, 99 (1): 87 -112.

[97] Crant J M. Proactive behavior in organizations [J]. Journal of Management, 2000, 26 (3): 435 -462.

[98] Ng T W H, Feldman D C. Employee voice behavior: A meta-analytic test of the conservation of resources framework [J]. Journal of Organizational Behavior, 2012, 33 (2): 216 -234.

[99] Withey M J, Cooper W H. Predicting exit, voice, loyalty, and neglect [J]. Administrative Science Quarterly, 1989, 34 (4): 521 -539.

[100] Hagedoorn M, Van Yperen N W, Van De Vliert E, et al. Employees' reactions to problematic events: A circumplex structure of five categories of responses, and the role of job satisfaction [J]. Journal of Organizational Behavior, 1999, 20 (3): 309 -321.

[101] Janssen O, De Vries T, Cozijnsen A J. Voicing by adapting and innovating employees: An empirical study on how personality and environment interact to affect voice behavior [J]. Human Relations, 1998, 51 (7): 945 -967.

[102] 王二博. 企业员工进谏行为及其影响因素研究 [D]. 开封: 河南大学, 2007.

[103] Kahn W A. Psychological conditions of personal engagement and

disengagement at work [J]. Academy of management journal, 1990, 33 (4): 692 -724.

[104] Schepers J, De Jong A, Wetzels M, et al. Psychological safety and social support in groupware adoption: A multi-level assessment in education [J]. Computers & Education, 2008, 51 (2): 757 -775.

[105] Brown S P, Leigh T W. A new look at psychological climate and its relationship to job involvement, effort, and performance [J]. Journal of applied psychology, 1996, 81 (4): 358.

[106] Baer M, Frese M. Innovation is not enough: Climates for initiative and psychological safety, process innovations, and firm performance [J]. Journal of organizational behavior, 2003, 24 (1): 45 -68.

[107] Tynan R. The Effects of Threat Sensitivity and Face Giving on Dyadic Psychological Safety and Upward Communicationl [J]. Journal of Applied Social Psychology, 2005, 35 (2): 223 -247.

[108] 吴志平，陈福添. 中国文化情境下团队心理安全气氛的量表开发 [J]，管理学报，2011 (1): 73 -80.

[109] Rosenberg M. Conceiving the self [M]. Basic Books, 1979: 46 -65.

[110] Hui C, Lee C, Wang H. Organizational Inducements and Employee Citizenship Behavior: The Mediating Role of Perceived Insider Status and the Moderating Role of Collectivism [J]. Human Resource Management, 2014, 54 (3): 439 -456.

[111] Anderson N. Changes in Newcomers' Psychological Contracts during Organizational Socialization: A Study of Recruits Entering the British Army [J]. Journal of Organizational Behavior, 2010, 19 (1): 745 -767.

[112] Chen Z X, Aryee S. Delegation and employee work outcomes: An examination of the cultural context of mediating processes in China [J]. Academy of Management Journal, 2007, 50 (1): 226 -238.

[113] 黄潇荻. 内部人身份认知研究述评 [J]. 商，2015，37

(35): 51 -52.

[114] Stamper C L, Masterson S S. Insider or outsider? how employee perceptions of insider status affect their work behavior [J]. Journal of Organizational Behavior, 2002, 23 (8): 875 -894.

[115] Hom P W. Effects of Job Peripherality and Personal Characteristics on the Job Satisfaction of Part Time Workers [J]. Academy of Management Journal, 1979, 22 (3): 551 -565.

[116] Brass D J. Men's and women's networks: A study of interaction patterns and influence in an organization [J]. Academy of Management Journal, 1985, 28 (2): 327 -343.

[117] 周建涛. 权力距离导向与员工建言: 组织地位感知的影响 [J]. 管理科学, 2012 (1): 38 -41.

[118] 丁孝莉. 基于权力距离认知的员工行为和领导行为构成维度 [J]. 东华大学学报, 2012, 38 (6): 764 -767.

[119] Dorfman P. W., Howell J. P. Dimensions of national culture and effective leadership patterns: Hofstede revisited [J]. Advances in International Comparative Management, 1988 (3): 127 -150.

[120] 周建涛. 权力距离导向对员工沉默的作用机制研究 [D]. 武汉: 华中科技大学, 2013.

[121] Morrison E W, Milliken F J. Organizational silence: Abarrier to change and development in a pluralistic world [J]. Academy of Management review, 1999, 25 (4): 706 -725.

[122] Howell J P, Dorfman P W. Dimensions of national culture and effective leadership patterns: Hofstede revisited [M]. Advances in International Comparative Management: a Research Annual. 1988: 5624 -5635.

[123] Early P C, Erez M. Comparative analysis of goal-setting strategies across cultures [J]. Journal of applied psychology, 1997, 72 (4): 658.

[124] Bandura A. Social foundations of thought and action: A social cognitive theory [M]. Prentice-Hall, 1986: 15 -19.

[125] Hmieleski K M, Cole M S, Baron R A. Shared authentic leadership and new venture performance [J]. Journal of Management, 2012, 38 (5): 1476 – 1499.

[126] Bandura A. Social foundations of thought and action [J]. The health psychology reader, 2002 (2): 94 – 106.

[127] 郝萌，程志超．真实型领导，积极氛围与下属创造力 [J]. 科研管理，2015，36 (12)：103 – 109.

[128] 景保峰．家长式领导对员工建言行为影响的实证研究 [D]. 广州：华南理工大学，2012.

[129] 段锦云，钟建安．组织中的进谏行为 [J]. 心理科学，2005，28 (1)：69 – 71.

[130] 邓亚男．进谏行为形成机制及其对团队效能影响研究 [D]. 上海：华东理工大学，2011.

[131] 梁卫明．组织公正，心理安全感和员工进谏行为的关系 [D]. 太原：山西大学，2012.

[132] Shockleyzalabak P, Ellis K, Winograd G. Organizational trust: What it means, why it matters. [J]. Organization Development Journal, 2000, 18 (4): 35 – 48.

[133] 郑晓涛，石金涛，郑兴山．员工组织内信任对其工作态度的影响 [J]. 管理评论，2008，20 (11)：36 – 40.

[134] Schaubroeck J M, Shen Y, Chong S. A dual-stage moderated mediation model linking authoritarian leadership to follower outcomes [J]. Journal of Applied Psychology, 2017, 102 (2): 203.

[135] Tyler T R, Lind E A. A Relational Model of Authority in Groups [J]. Advances in Experimental Social Psychology, 1992, 25 (2): 115 – 191.

[136] Lapalme M, Stamper C L, Simard G, et al. Bringing the outside in: Can "external" workers experience insider status? [J]. Journal of Organizational Behavior, 2010, 30 (7): 919 – 940.

[137] 赵红丹，江苇．真实型领导、内部人身份认知与组织异

议——一个被调节的中介模型 [J]. 软科学, 2017 (12): 73 - 77.

[138] Tyler T R, Blader S L. Cooperation in groups: procedural justice, social identity, and behavioral engagement [J]. Zeitschrift für Arbeits- und Organisationspsychologie, 2017, 45 (4): 212 - 213.

[139] Armstrong-Stassen M, Schlosser F. Perceived organizational membership and the retention of older workers ? [J]. Journal of Organizational Behavior, 2011, 32 (2): 319 - 344.

[140] Isen A M, Daubman K A, Nowicki G P. Positive affect facilitates creative problem solving [J]. Journal of Personality & Social Psychology, 1987, 52 (6): 1122.

[141] 王雁飞, 蔡如茵, 林星驰. 内部人身份认知与创新行为的关系——一个有调节的中介效应模型研究 [J]. 外国经济与管理, 2014, 36 (10): 40 - 53.

[142] 范钧, 梁号天. 社区创新氛围与外向型知识共创: 内部人身份认知的中介作用 [J]. 科学学与科学技术管理, 2017, 38 (11): 71 - 82.

[143] 顾远东, 周文莉, 彭纪生. 组织创新氛围、成败经历感知对研发人员创新效能感的影响 [J]. 研究与发展管理, 2014, 26 (5): 82 - 94.

[144] 李想, 时勘, 万金, 等. 伦理型领导对基层公务员建言与沉默行为的影响机制——资源保存和社会交换视角下的中介调节模型 [J]. 软科学, 2018 (1): 78 - 82.

[145] 陈文. 员工激励, 组织归属感与工作绩效的关系研究 [D]. 广州: 华南理工大学, 2013.

[146] 郑晓涛, 柯江林, 石金涛, 等. 中国背景下员工沉默的测量以及信任对其的影响 [J]. 心理学报, 2008, 40 (2): 219 - 227.

[147] 张红丽, 冷雪玉. 组织政治知觉, 心理安全与劳务派遣员工沉默行为: 中国情境下的实证研究 [J]. 企业经济, 2015 (6): 105 - 110.

[148] 李秀杰. 员工内部人身份认知、组织认同、工作绩效的关系研究综述 [J]. 经营与管理, 2017 (12): 44 - 48.

[149] Mccall G J, Simmons J L. Identities and interactions: an exami-

nation of human associations in everyday life [M]. Free Press, Collier Macmillan, 1978: 58 -72.

[150] 严鸣，涂红伟，李骥. 认同理论视角下新员工组织社会化的定义及结构维度 [J]. 心理科学进展，2011，19 (5): 624 -632.

[151] Burke P J, Tully J C. The Measurement of Role Identity [J]. Social Forces, 1977, 55 (4): 881 -897.

[152] Callero P L, Howard J A, Piliavin J A. Helping Behavior as Role Behavior: Disclosing Social Structure and History in the Analysis of Prosocial Action [J]. Social Psychology Quarterly, 1987, 50 (3): 247 -256.

[153] 屠兴勇，张琪，王泽英，等. 信任氛围、内部人身份认知与员工角色内绩效：中介的调节效应 [J]. 心理学报，2017，49 (1): 83 -93.

[154] 王端旭，李溪. 包容型领导对员工从错误中学习的影响机制研究 [J]. 世界科技研究与发展，2015，37 (1): 61 -66.

[155] Triandis H C. The Psychological Measurement of Cultural Syndromes [J]. American Psychologist, 1996, 51 (4): 407 -415.

[156] Hofstede G, Hofstede G J. Cultures and Organizations: Software of the Mind [J]. Third Millennium Edition, 2005 (100): 1 -29.

[157] Brown M E, Treviño L K, Harrison D A. Ethical leadership: A social learning perspective for construct development and testing [J]. Organizational Behavior & Human Decision Processes, 2005, 97 (2): 117 -134.

[158] 赵国祥，赵鹏娟. 知识型员工共享领导内容结构 [J]. 心理科学，2012，35 (5): 1149 -1153.

[159] Liu W, Zhu R, Yang Y. I warn you because I like you: Voice behavior, employee identifications, and transformational leadership [J]. The Leadership Quarterly, 2010, 21 (1): 189 -202.

[160] 李磊，尚玉钒，席酉民，等. 变革型领导与下属工作绩效及组织承诺：心理资本的中介作用 [J]. 管理学报，2012，9 (5): 685 -691.

[161] 吴隆增，曹昆鹏，陈苑仪，等. 变革型领导行为对员工建言行为的影响研究 [J]. 管理学报，2011，8 (1): 61 -66.

[162] 韩宏稳，杨世信．共享型领导对团队创造力的影响及内在机制研究［J］．现代管理科学，2016（1）：118－120.

[163] 张通．工作不安全感对进谏行为的影响研究［D］．浙江：浙江大学，2011.

[164] 冯永春．领导包容对员工创造行为的影响机理研究——基于心理安全视角的分析［J］．研究与发展管理，2015，27（3）：73－82.

[165] Hirak R，Peng A C，Carmeli A，et al. Linking leader inclusiveness to work unit performance：The importance of psychological safety and learning from failures［J］. Leadership Quarterly，2012，23（1）：107－117.

[166] 朱进炎．领导成员交换与员工沉默行为关系的实证研究［J］．经营与管理，2017（1）：51－53.

[167] 葛峰．授权型领导风格对员工建言行为的影响机制研究：以心理安全感为中介变量［D］．四川：西南财经大学，2013.

[168] 李燕萍，郑馨怡，刘宗华．基于资源保存理论的内部人身份认知对员工建言行为的影响机制研究［J］．管理学报，2017，14（2）：196－204.

[169] 周浩．家长式领导对下属进谏行为的影响：基于关系的视角［J］．四川大学学报，2014，193（4）：139－148.

[170] 张端民．领导—成员交换与员工沉默行为：组织公平与传统性的作用［J］．预测，2017，36（3）：14－20.